konfi live
Pfarrer/in und Team

Einjähriger Kurs
8 Einheiten

Im Auftrag der Kirchenleitung der Vereinigten Evangelisch-Lutherischen Kirche Deutschlands (VELKD) auf der Grundlage von „kreuzundquer" neu zusammengestellt und bearbeitet von Martina Steinkühler; herausgegeben von Andreas Brummer, Georg Raatz und Martin Rothgangel

Dem Ausschuss zur Erarbeitung der Materialien gehörten an:

Norbert Dennerlein, Sabine Dievenkorn, Thomas Ebinger, Hans-Ulrich Keßler, Herbert Kolb, Christian Kopp, Ekkehard Langbein, Ingrid Machentanz, Karlo Meyer, Carsten Mork, Werner Müller, Martin Rothgangel, Marcell Saß, Robert Smietana, Hanfried Victor und Bernd Wildermuth.

Vandenhoeck & Ruprecht

Das digitale Zusatzmaterial ist abrufbar unter:
Link: www.v-r.de/konfi-live-1jahr
Login Code: wWjdPu6b

Bibeltexte (wenn nicht anders vermerkt); Lutherbibel, rev. Text 1984, durchgesehene Ausgabe
© 1999 Deutsche Bibelgesellschaft, Stuttgart

Umschlagabbildung: © Mikadun, www.shutterstock.com
Illustrationen: Luise Mäbert

Bibliografische Information der Deutschen Nationalbibliothek

Die Deutsche Nationalbibliothek verzeichnet diese Publikation in der
Deutschen Nationalbibliografie; detaillierte bibliografische Daten sind
im Internet über http://dnb.d-nb.de abrufbar.

ISBN 978-3-525-61508-9
ISBN 978-3-647-61508-0 (E-Book)

© 2014, Vandenhoeck & Ruprecht GmbH & Co. KG, Göttingen/
Vandenhoeck & Ruprecht LLC, Bristol, CT, U.S.A.
www.v-r.de
Alle Rechte vorbehalten. Das Werk und seine Teile sind urheberrechtlich geschützt.
Jede Verwertung in anderen als den gesetzlich zugelassenen Fällen bedarf der vorherigen
schriftlichen Einwilligung des Verlages. Printed in Germany.

Layout und Satz: textformart, Göttingen | www.text-form-art.de
Umschlag: SchwabScantechnik, Göttingen
Druck und Bindung: ⊕ Hubert & Co, Göttingen

Gedruckt auf alterungsbeständigem Papier.

Inhalt

Liebe Gestalterinnen und Gestalter von Konfirmandenzeit 5

Die Einheiten

Konfirmandenzeit
1. Ankommen und einander begegnen 7

Gott, Kirche
2. Ruhe finden, zur Besinnung kommen 11

Gottesdienst, Schöpfung
3. Jubeln, loben, feiern 15

Gebet, Bibel, Glaubensbekenntnis
4. Sprache finden 19

Jesus Christus, Kirchenjahr
5. Mit Jesus gehen 23

Gebote, Reich Gottes
6. Orientierung finden 27

Gemeinde, Diakonie
7. Sinn suchen 31

Taufe, Abendmahl, Konfirmation
8. Gott im Leben spüren 35

Exkurse

A. Die Bibel 40

B. Martin Luther 45

Ideen für Andacht und Gottesdienst 48

Die Materialien 49

Liebe Gestalterinnen und Gestalter von Konfirmandenzeit ...

„Was – so viel?" Das sagten einige unserer Tester, als wir ihnen das neue Konfirmandenwerk *konfi live* vorstellten. „Da können wir aus dem Vollen schöpfen", freuten sich andere. Die Konfirmandenzeit in Deutschland stellt sich sehr gemischt dar: Zweijährige Modelle stehen neben solchen, die nicht einmal mehr ein ganzes Jahr dauern; Projektkonzepte neben Stundenkonzepten, mit oder ohne TeamerInnen, mit oder ohne Praktikum. Das hat uns auf die Idee gebracht, *konfi live* Pfarrer/in und Team in zwei Varianten anzubieten: einmal das Komplettangebot – 16 Einheiten, garantiert genug Stoff für zwei Jahre regelmäßigen Unterrichts. Zum anderen elementar – 8 konzentrierte Einheiten, die ebenfalls gut auf die Konfirmation vorbereiten, aber in einem knapperen Zeitrahmen und mit Mut zur Lücke.

Dieses elementare Programm präsentieren wir hier: Es versteht sich als Einladung, Raum für den persönlichen Glauben im eigenen Leben zu schaffen.

> *konfi live* richtet seine Einladung an alle. Religiöse Erfahrungen werden mit allen Sinnen und ganzheitlich gemacht; **inklusive** Konzepte bieten hier besondere Chancen. Die Methodenvielfalt von *konfi live* umfasst besondere Zugänge und Möglichkeiten zur Binnendifferenzierung.
> *konfi live* setzt auf die Mitwirkung vieler. Lernen in der Konfizeit ist Beziehungslernen; es gelingt dort, wo die Jugendlichen Ansprechpartner, Gewährsleute, Zeugen finden, mit denen sie sich austauschen, die sich auch hinterfragen lassen.
> *konfi live* rechnet mit Teamerinnen und Teamern, die die Konfirmandenzeit mitgestalten, sowie mit Gästen, die ihre eigenen Erfahrungen und Deutungen mit in die Diskussionen einspeisen.
> *konfi live* setzt sich bewusst ab von „Schule" und „Unterricht". Davon haben junge Leute in der Regel mehr als genug. *konfi live* bietet Rahmen und Raum zum Ausprobieren: sich selbst und die Angebote des Glaubens. *konfi live* bietet so eine Balance zwischen Besinnen und Handeln, Aktion und Kontemplation.
> *konfi live* ist **live** in dem Sinn, dass die Konfis Glauben **live** erleben, befragen und „anprobieren".

> *konfi live Pfarrer/in und Team 8 Einheiten* hat die TeamerInnen besonders im Blick; ein eigenes **Teamer/innen-Projekt** ist wichtiger Bestandteil jeder Einheit; es kann mit Unterstützung von *konfi live* leicht und Gewinn bringend erarbeitet werden.
> *konfi live Pfarrer/in und Team 8 Einheiten* setzt keine Grenzen. An die Kurzeinheiten schließen sich Skizzen von Langfassungen an. Das **digitale Zusatzmaterial** (www.konfi-live.de); abrufbar mit dem vorn ins Buch eingedruckten Zugangscode, bietet hierzu eine Fülle von Möglichkeiten und Anregungen über den ganz engen Rahmen hinaus.
> *konfi live Pfarrer/in und Team 8 Einheiten* ist mutig und macht Mut, neue Wege zu gehen. Das heißt aber nicht, dass auf Bewährtes, etwa zum Gottesdienstablauf oder zur Erarbeitung des Credo, verzichtet werden muss. Die Einheiten weisen **Schnittstellen** aus, an denen entsprechende eigene Modelle nach Wunsch und Bedarf angedockt werden können.

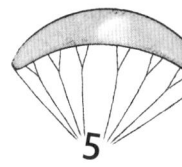

Der *konfi live* Begleiter

Ein Blick auf die Entwürfe macht es deutlich: Papier ist nicht das Haupt-Medium moderner Konfirmanden- / Jugendarbeit. Aktion, Interaktion, Erkundungen und Erprobungen stehen im Mittelpunkt des Geschehens. Und doch gibt es Impulse, Traditionsstücke und Gedanken, die festgehalten und bewahrt werden sollen – zum raschen Nachschlagen, zur Erinnerung, zum weiteren Gebrauch, zum Mitwachsen.

Dafür gibt es den *konfi live*-**Planer**, eine praktische Mischung aus Notizbuch, Tagebuch und Kompendium „Christentum, Kirche, Gemeinde". Hier schlagen die Konfis rasch den 23. Psalm, das Vaterunser oder das Glaubensbekenntnis auf, sie orientieren sich über Segen, Taufe und den Umgang mit der Bibel.

Sie finden wichtige Texte zur Erarbeitung der Einheiten und Infos zum Kirchenjahr. Sie tragen offene Fragen ein, Gedanken und Lieblingsbibelstellen, die Geburtstage der Freunde und die Termine der Freizeiten.

Icons ...

👥	Hier sind die Teamer/innen gefragt
🕐	Wie viel Zeit wird gebraucht?
☞	Ein Tipp
🤝	Inklusiv
👤	Hinweis für die Hauptamtlichen
✳	Achtung Schnittstelle
🖱	zu finden im digitalen Zusatzmaterial

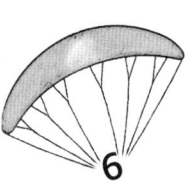

LIEBE GESTALTERINNEN UND GESTALTER VON KONFIRMANDENZEIT ...

Konfirmandenzeit
Ankommen und einander begegnen

 Kurz: drei Stunden (z. B. Samstagvormittag)
Lang: ein Wochenende (Freitagabend bis Sonntagmittag)

Die Konfirmandenzeit soll allen Beteiligten Freude machen und etwas bringen: neue Ideen und Impulse, einen erweiterten Blick auf Gott und die Welt und: auf sich selbst. Dazu müssen die Rahmenbedingungen stimmen: Die Konfis sollen sich nicht „unterrichtet" fühlen, sondern ihr Lernen und Leben selbst in die Hand nehmen – mit Anleitung und Begleitung der Gemeinde.

Ob es gelingt, die Konfirmandenzeit als einen Gegenpol zum stressigen Schulalltag glaubhaft zu machen, entscheidet sich beim ersten Treffen.

 Wo möchtet ihr gern ankommen?
Wie möchtet ihr willkommen geheißen werden?

Seht euch im Raum, der für das Treffen vorgesehen ist, um: Wie könnt ihr ihn freundlich gestalten? Klar, große Wunder lassen sich in der Regel nicht vollbringen – aber kleine …? Blumen, Deko, Musik, Kerzen … Seid kreativ.

 Für spätere Sitzungen können (nach Verabredung) Konfi-Teams die Aufgabe der Raum-Gestaltung übernehmen.

Der Konfi-Raum

Als Grundausstattung schlagen wir vor:
> Ein großer Tisch (oder mehrere) zum gemeinsamen Essen (auch Jesus hat gern und oft mit vielen Menschen am Tisch gesessen und gefeiert)
> Rückzugsecken für Kleingruppen und Einzelne (Teppich und Kissen)
> Freier Raum für Bewegungsspiele und Aktionen.

Verlauf

Vorbereitung und Material

M1.1, M1.2, M1.3 „Empfang" s. u.; Brot und Saft für die „Mahlzeit" (s. u.), „Staffelholz" – kann ein Stock, ein schlichtes Kreuz oder auch ein Handschmeichler sein; im Fall des Stocks kann jede/r Konfi eine eigene Markierung anbringen. Die „Elemente des Konfer" **M1.1** werden kopiert, auf feste Pappe geklebt und ausgeschnitten; mit ihnen lassen sich Wege durch die Konfi-Zeit flexibel gestalten; Plakate mit Beschriftung (s. u.); Ton und Töpferscheibe und jemanden, der sie bedient.

Die Mahlzeit. Sie gehört standardmäßig zu jedem der Treffen und hat verschiedene Facetten: Kennenlernen, Gemeinschaftserfahrung, fürs Essen danken, Essen und teilen. Vor allem auch: Heranführung ans Abendmahl. Wenn in Einheit 8 das Abendmahl im Zusammenhang mit der Vorbereitung auf die Konfirmation thematisiert wird, ist so bereits aus eigenem Erleben ein Verständnis gewachsen. Ergänzend kommt hinzu: die Erzählung der Einsetzung des Abendmahls in der Einheit 5.

Ankommen in der Konfi-Zeit (Entdecken)

Empfang

¼ Stunde

Der Übergang vom Alltag zum Konfer wird ganz bewusst gestaltet:
> Vielleicht gibt es im Vorraum des Gemeindehauses einen Empfang (Warten und Teetrinken);
> vielleicht vorbereitete Namensschilder;
> vielleicht gibt es ein Poster, auf dem jede/r, der / die kommt, zunächst mit eigener Unterschrift dokumentiert: Ich bin da!
> Vielleicht gibt es auch eine Auswahl von Emoticons und jede/r, der / die will, heftet einen davon zu seinem Namen: Ich bin heute gespannt, müde, genervt, gut drauf ...

Mahlzeit

½ Stunde

An der großen Tafel (bzw. den Tischen) gibt es Brot und Saft. Alle nehmen Platz. Lied-Angebot, z. B. „Gemeinschaft des Tisches" von Siegfried Macht (*konfi live Begleiter*, S. 112)

Das Brot macht die Runde (an mehreren Tischen übernimmt je ein Mitglied des Teams die Regie): Einer nimmt das Brot, bricht ein Stück ab, reicht es weiter ...

Der Saft wird eingeschenkt: Eine nimmt den Krug, schenkt dem Nachbarn ein, reicht den Krug weiter.

Gegessen und getrunken wird erst, wenn alle haben, was sie brauchen ...

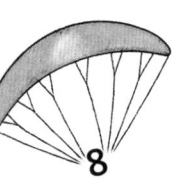

ANKOMMEN UND EINANDER BEGEGNEN

Erzählstaffel

Ein Mitglied des Teams fängt an: Nennt den Namen und erzählt ein bisschen von sich selbst. Dann reicht er das Staffelholz weiter und ein/e andere/r erzählt …

 ½ Stunde

Kennenlernspiele (bewegungsbetont); am besten draußen

Ankommen in der Konfi-Arbeit (Deuten)

Brainstorming

 ½ Stunde
Rückkehr in den Raum (das Essen wurde inzwischen abgeräumt), große Plakate liegen aus: „Was denkst du: Was geschieht im Konfer?" / „Was für Themen möchtest du gern besprechen?" / „Was möchtest du auf keinen Fall?" (Vordrucke im digitalen Material)
Die Konfis gehen umher, notieren ihre Gedanken, kommen ins Gespräch …

 Wenn einige in der Gruppe nicht (gut) lesen oder schreiben können, wählen sie stattdessen aus den vorbereiteten „Elementen des Konfer" (**M1.1**; im digitalen Begleitmaterial auch mit Bildsymbolen) und arrangieren sie zu einem Legebild.

Wer fertig ist, zieht sich mit seinem *konfi live Begleiter* zurück und liest die *Begrüßung* (S. 4 f.) / lässt sie sich vorlesen und beschäftigt sich mit den Fragenbögen (S. 10–15).

Planung

 ½ Stunde
Die Plakate / das Legebild werden gemeinsam betrachtet und kommentiert.
Pfarrer/in erläutert, wie mit den Wünschen und Erwartungen umgegangen wird: lesen und bedenken; in die Planung einbauen; später werden die Plakate sichtbar aufgehängt, damit immer wieder geschaut werden kann, was schon umgesetzt ist.
Der Weg durch die Konfirmandenzeit wird vorgestellt (mit **M1.2**); die Konfis stellen Fragen.
Der Weg durch die Konfi-Zeit wird gemeinsam gelegt (mit den Elementen **M1.1**).

Ansagen

Pfarrer/in stellt den Ablauf der einzelnen Treffen vor: *Ankommen / Entdecken / Deuten / Gestalten /* Abschluss mit Gebet und Segen. Zwischendurch gibt es *Reflexionspausen*; der *konfi live Begleiter* ist immer dabei: zum Besinnen, Festhalten, Nachschlagen.

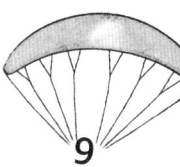

Ankommen in der Konfi-Gruppe (Gestalten)

Figurenskulptur

½ Stunde

Die Konfis erhalten je einen Klumpen Ton und gestalten ihn individuell. Der Töpfer (Teamer/in oder sonst jemand, der sich darauf versteht) setzt die Einzelkunstwerke auf einer Töpferscheibe zu einem Gesamtkunstwerk zusammen: „Wir sind die Konfis" (Vgl. **M1.3**).
Wer will, macht ein Foto für den *konfi live Begleiter* (S. 103).

Weitergehen

Abschluss mit Lied, Vaterunser und Segen

Mehr

Nachhaltigkeit

Die Skulpturengruppe begleitet die Konfi-Arbeit der Gruppe und gehört auch in den Vorstellungs- und Konfirmationsgottesdienst.

Arbeit mit dem *konfi live Begleiter*

S. 18/19: Hier werden Namen, Unterschriften und E-Mail-Adressen der Konfi-Gruppe gesammelt. Wir empfehlen, eine eigene Kommunikationsplattform einzurichten, z. B. bei www.konfiweb.de.

S. 10–15: Hier können eigene Bedürfnisse und Haltungen eingetragen werden; am Ende der Konfi-Zeit ist es interessant zu sehen, was sich verändert hat.

S. 4–8: Begrüßung und *konfi live* Elemente: Wo bleibe ich hängen? Was könnte mir wichtig werden?

S. 103: Platz für ein Foto der Skulpturengruppe

Langfassung

FREITAG

Ankommen, Kennenlernen, Plakate, Absprachen, Spieleabend

SAMSTAG

Exkursion oder Geländespiel / Kletterpark o. ä.
Vorbereitung einer Sonntagmorgen-Andacht mit Gemeinschaftsmahl; arbeitsteilig werden vorbereitet: Lieder, Psalmgebet, Gestaltung der Festtafel, kurze Szenen zum Thema „Was wirklich zählt" (A1)

SONNTAG

Sonntagmorgen-Andacht mit Gemeinschaftsmahl
Aufräumen
Abreise

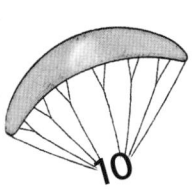

Gott, Kirche
Ruhe finden, zur Besinnung kommen

 Kurz: 3 Stunden
Lang: ein Wochenende von Freitagabend bis Sonntagmittag

Viele Menschen heutzutage halten Momente der Stille und Ruhe kaum noch aus. Andererseits haben sie tagein, tagaus so viel Stress, dass sie sich nach Ruhe sehnen. In den Überlieferungen vom biblischen Gott ist Zeit ein hohes Gut; es wird erzählt: Gott selbst heiligte den siebten Tag (machte ihn zum Tag der Ruhe und Andacht); Jesus Christus nahm sich Zeit: für seine Mitmenschen und für seinen Gott.

 Wo, wann, wie könnt ihr am besten abhängen / chillen?
Was geht euch da durch den Kopf?

Raum der Sinne (Teamer/innen-Projekt)

 Bereitet für die Konfis einen **Raum der Sinne** vor: z. B. mit
> meditativer Musik, Kerzen, Wasser,
> einer Galerie biblischer Bilder (digitales Begleitmaterial),
> Einrichtungsgegenständen aus Kirche und Gemeindehaus (Abendmahlgerät, Altarschmuck),
> mit Stoffen, Tüchern und Wollen zum Befühlen, Legen, Knoten, Flechten,
> mit Knete oder Ton zum stummen Gestalten,
> Naturmaterialien,
> einem Beutel zum Gegenstände Ertasten und
> Duftproben für einen Geruchstest.
> Wie wär's mit einem Pfad zum Barfußgehen: Sand, Kork, Teppich …

Verlauf

Vorbereitung und Material

M2.1, M2.2, M2.3, M2.4 — Raum der Sinne (= Teamer/innen-Projekt, s.o.), Bilder ausdrucken oder eine Dauerpräsentation (Bildershow mit Endlosschleife) einrichten. Tücher zum Augen-Verbinden; eine Parallelaktion: z.B. ein Schlagzeug- oder Body Percussion-Kurs durch den Kantor/die Kantorin; für den Teil in der Kirche: Teppich oder Decken, Kissen für den Altarraum. Die Teamer machen sich mit ihren Bild-Texten vertraut (**M2.1** bis **M2.4**)

Ankommen

¼ Stunde

Empfang, s. Einheit 1

Die Tür zum *Raum der Sinne* ist geschlossen und mit einem Schild versehen: „Kommt alle zu mir, alle, die müde sind. Die schwer zu tragen haben. Ich will euch erfrischen."

Lied

Klare Ansage: Im „Raum der Sinne" ist vieles erlaubt. Schaut euch um, begreift, befühlt, gestaltet. Ruht euch aus. Nur eine Regel: nicht reden! Ob ihr das schafft?

Der Raum der Sinne (Entdecken)

Begehung / Führung

½ Stunde

Die Zeit kann verlängert oder verkürzt werden, je nach Reaktion der Gruppe; wer es nicht mehr aushält, verlässt still den Raum und geht nach draußen bzw. in einen anderen Raum, wo unter Anleitung ein Stück „Bodypercussion" o.Ä. eingeübt wird.

Zwei Durchgänge:
> Eigenes Erkunden des Raums der Sinne
> Verlassen des Raums; Paare bilden. Je einem Partner werden die Augen verbunden. Er lässt sich durch den Raum der Stille führen und leise erzählen, was es da zu sehen, zu fühlen, zu machen gibt.

Die Eindrücke, Die Bilder (Deuten)

Mahlzeit

½ Stunde

Allmählich finden sich alle am Tisch im Konfiraum ein, teilen das Brot und den Saft.
Austausch der Eindrücke: Was war gut? Was war albern, doof, spannend?
Vorführung Bodypercussion, Rhythmus oder was auch immer. Wer will, macht mit.

Denkzeit

¾ Stunde

Die Konfis teilen sich in kleine Gruppen. Zur Gruppenbildung hat jede/r Teamer/in eines der biblischen Bilder ausgewählt und hält es hoch. Einladung: „Ich will mit euch über Gott nachdenken – und dieses Bild soll helfen … (**M2.1** bis **M2.4**).

Anschließend: „Zieh dich mit **deinem** *konfi live Begleiter* zurück und schmökere im Kapitel „Gott" (S. 23–38)."

Berichte

¼ Stunde

Nach einer halben Stunde Kleingruppenarbeit berichten die Gruppen, was bei ihnen los war.

Der Raum der Kirche (Gestalten, Teilen)

Ortswechsel

¾ Stunde

Die Konfis betreten noch einmal den Raum der Sinne. Aufgabe: Holt heraus, was in die Kirche gehört. Wir wollen es zurückbringen.

Umzug in die Kirche mit Kreuz, Altarschmuck, Abendmahlsgeschirr. Kissen zum Sitzen auf dem Kirchenboden. Wenn der Kantor noch Zeit hat, spielt er leise Orgelmusik. Kerzen am Altar werden angezündet. Der Altar wird geschmückt. Die Teamer/innen beraten bei der Platzierung.

Habt ihr eigentlich einen Lieblingsplatz in der Kirche? Einen Ort, wo ihr gern seid, ein Element, das ihr gern anschaut?

Zeigt den Konfis eure Kirche.

Abschluss

Inzwischen wird im Altarraum ein Teppich ausgelegt.

Die Konfis kommen dort zusammen (ohne Schuhe, mit Kissen) und hören eine Meditation (A2).

Anschließend: Laudate omnes gentes (Taizé) oder ähnlich.

Vaterunser im Stehen und Segen mit Handauflegen.

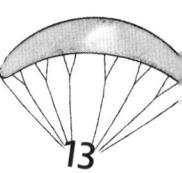

Mehr

Nachhaltigkeit

Durch den selbstverständlichen Einbezug der Kirche wird deutlich: Die Konfis *werden* nicht erst Gemeinde, sie *sind* Gemeinde; sie nutzen und gestalten den Raum Kirche. Daran wird in den folgenden Einheiten angeknüpft.

Arbeit mit dem *konfi live Begleiter*

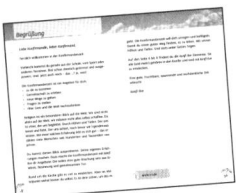

S. 10/11: Meine Zeit (ein Selbsttest)

S. 23–25: Impulse zur Gottesfrage; auf S. 38 nehmen die Konfis selbst Stellung.

S. 83–87: Verschiedenes zum Raum der Kirche

Langfassung

FREITAG

Ankommen, Besichtigung z. B. eines Klosters / einer alten Kirche und / oder Wanderung zu einer Höhle, einem einsam gelegenen See …; unterwegs Achtsamkeitsübungen: Pausen, in denen etwas gesucht (etwas Schönes, etwas zum Staunen, etwas Blaues, Grünes, Rotes, Weiches, Hartes, Zartes …) und per Handy-Aufnahme dokumentiert wird.
Am Abend: Foto-Show; wenn's dunkel ist: Lagerfeuer.
Ausklingen mit Taizégesang.

SAMSTAG

Die Konfis gestalten einen Raum der Sinne (aus den mitgebrachten Materialien, s. o.); führen die Teamer (mit verbundenen Augen) hindurch und erklären leise …
Vorbereitung einer Meditationsandacht: Und Gott heiligte den siebten Tag; Arbeit mit den Bildern (**M2.1** bis **M2.4**); Auswählen und Einüben passender Lieder.

SONNTAG

Meditationsandacht

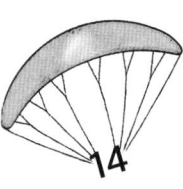

Gottesdienst, Schöpfung
Jubeln, Loben, Feiern

In der Kirche haben wir uns schon umgeschaut (Einheit 2); jetzt gilt es, den Gottesdienst kennenzulernen: Im Loben und Danken, Hören und Singen, im Bitten und Fürbitten feiern Christ/innen Gottes Bund mit den Menschen. – Feiern? Den Gottesdienst bringen Konfis in der Regel kaum mit „Feiern" in Verbindung. Feiern ist für sie anders ...

Seht ihr einen Anknüpfungspunkt?
Habt ihr schon mal den Osterjubel in der Osternacht erlebt? Oder einen richtig fröhlichen Familiengottesdienst? – Erzählt davon.

Gottes Bund mit den Menschen – In der Bibel wird erzählt: Gott hat uns gewollt von Anfang an. Er hat uns geschaffen! Nehmen wir das Thema „Schöpfung" als Beispiel für einen Anlass, Gottesdienst zu feiern – über Gottes Schöpfung zu jubeln. – Aber: Schöpfung ist ein schwieriges Thema. „Wir wissen Bescheid", sagen die Konfis: „Urknall, Evolution ... – die Rede von Gott dem Schöpfer ist überholt." Wirklich?

Was antwortet ihr?

Liebesbrief Gottes
(Teamer/innen-Projekt)

Wie ist das: bejubelt werden? Oder bedingungslos geliebt von Gott. Verfasst dazu für jede/n Konfi einen „Liebesbrief Gottes" (mit **M3.1**)

Wenn es Konfis gibt, die nicht (gut) lesen können: Wie wäre es mit gesprochenen Liebesbriefen zum Abspielen?

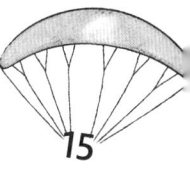

Verlauf

Vorbereitung und Material

M3.1, M3.2, M3.3 — Den Tisch (die Tische) schmücken mit Konfetti und Party-Deko; Staffelholz (s. Einheit 1), Briefe (TeamerInnen-Projekt s. o.), Psalm-Ausschnitte (**M3.2**), Anleitung zum Gespräch über Schöpfung (**M3.3**)

 Gottesdienst / Elemente des Gottesdienstes. Die Erfahrung mit Gottesdienst baut sich in diesem Kurs Schritt für Schritt auf. Einheit 2: Den Kirchenraum erleben. Einheit 3: Gottesdienst als Fest am Beispiel Schöpfung. In den folgenden Einheiten und in den Langfassungen immer wieder: Andachte, Gottesdienste. Das ist konzipiert als „learning by doing". Eine gemeinsame Erarbeitung des liturgischen Ablaufs kann an geeigneter Stelle erfolgen – mit dem *konfi live Begleiter* oder eigenem Material.

Ankommen

¼ Stunde
Wie 1 und 2; aber:
> Jede/r Konfis wird mit Jubel begrüßt (TeamerInnen!) und fotografiert – möglichst spektakulär (mit Blitz und Serien-Klick)!
> Singen: „Hoch soll er leben, hoch soll er leben, dreimal hoch!"

Gelobt werden (Entdecken)

Mahlzeit

¼ Stunde
Tisch-Mahl ist vorbereitet – Konfetti auf den Tischen, Party-Deko
Austausch über den Empfang: „Wie ein Star" – vielleicht beim Sport oder bei einer Show oder weil man Geburtstag hat.

Staffel

¼ Stunde
Eine/r fängt an und spricht eine Lobrede für eine/n Mitkonfi. Der / die übernimmt, indem er / sie auch eine kleine Lobrede hält – je übertriebener, desto besser. Es ist seltsam, ohne Grund gelobt zu werden

Reflexionszeit

¼ Stunde
Jede/r Konfi erhält seinen „Liebesbrief von Gott".
Lesezeit

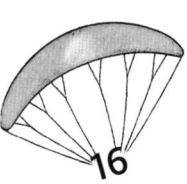

JUBELN, LOBEN, FEIERN

Loben (Gestalten)

½ Stunde
Das Vaterunser singen / skandieren / eine Gestensprache entwickeln

½ Stunde
Dasselbe in Kleingruppen mit Ausschnitten aus Psalm 103 und 104 (**M3.2**).

Ortswechsel

¼ Stunde
Zur Präsentation: Umzug in die Kirche.

Lob Gottes

½ Stunde
Die Gruppen führen ihre Gestaltungen auf:
> Psalm 104
> Psalm 103
> Alle: das Vaterunser

In der vorgegebenen Reihenfolge ergibt sich dabei ein Gesamtbild. Pfarrer/in: „Das war Gottesdienst: Lob Gottes für alles, was er (mir, uns) Gutes tut."
Pastor/in nennt weitere Elemente: Bitte, Fürbitte, Segen.
Probiert werden noch andere Formen des Lobs:
> Gemeinsames Singen, z. B. „Laudato si", „Morgenlicht leuchtet" …
> Lesung aus Luthers Katechismus: Kommentar zum ersten Artikel des Glaubensbekenntnisses (EG)

Besinnen (Deuten)

Fragen

¾ Stunde
Zurück im Gemeindehaus:
> Die Konfis lassen sich Zeit: Jede/r zieht sich mit dem *konfi live Begleiter* zurück und bedenkt das Erlebte. Vielleicht haben sie Fragen zum Schöpferlob?
> Frage-(Halbe)-Stunde: Pastor/in und Team stehen für Fragen zur Verfügung (mit **M3.3**).

Hier bietet es sich erstmals an, die Elemente des liturgischen Gottesdienstes zu besprechen (*konfi live* Planer, S. 115–129; bes. 116).

Weitergehen

> Lied, Vaterunser, Segen

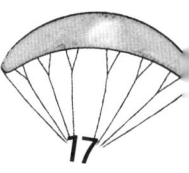

JUBELN, LOBEN, FEIERN

Mehr

Nachhaltigkeit

Am Verständnis des Gottesdienstes, an der Vertrautheit mit seinen Elementen und vor allem an der Kompetenz der Konfis, aktiv daran teilzunehmen, wird kontinuierlich weitergearbeitet.

Arbeit mit dem *konfi live Begleiter*

S. 26–30: Hier finden sich Gedanken zur Bedeutung des Begriffes „Schöpfung" sowie Neuerzählungen zu 1 Mose 2.

S. 117 und 120 bis 125: Hier werden die Elemente des Gottesdienstes vorgestellt.

Langfassung

Vorgeschlagen wird ein Zeltlager:

FREITAG

Ankommen, aufbauen, gemeinsames Essenkochen, Essen, Abwaschen.
Einstimmen auf das Thema „Schöpfung" (mit **M3.2**)
Lagerfeuer. Nachtwanderung mit Sternenbeobachtung (s. digitales Zusatzmaterial)

SAMSTAG

Arbeitsgruppen: Teleskopbau (s. digitales Zusatzmaterial) Anlegen von Schöpfungsgärten (s. digitales Zusatzmaterial), Vorbereitung einer Schöpfungsfeier am Abend, Vorbereitung eines Gottesdienstes mit „Liebesbriefen Gottes" (mit **M3.1** und A3)

SONNTAG

Schöpfungsandacht, Abbau der Zelte, Abreise.

JUBELN, LOBEN, FEIERN

Gebet, Bibel, Glaubensbekenntnis
Sprache finden

Kurz: 3 bis 4 Stunden
Lang: ein Wochenende

„Oh mein Gott" – ein Standardspruch, zum Beispiel in amerikanischen TV-Serien. Ob sie noch merken, dass sie Gott im Mund führen? Wer sagt nicht alles „Gott sei Dank" – ein Ruf der Erleichterung – ohne Gegenüber? Menschen in früheren Zeiten waren daran gewöhnt, mit Gott zu leben. Gerade in besonderen Situationen – des Erschreckens, der Angst, des Schmerzes und der Freude – sprachen sie mit ihm: bittend, Halt suchend, voller Verzweiflung. Oder dankbar. Heute scheint nicht viel davon übrig: Oh Gott! Gott sei Dank!

Es lohnt sich, es für sich zu entdecken: das Rechnen mit Gott. Das Reden mit Gott. Denn, ehrlich: wenn's kritisch wird, wenn's hart auf hart kommt: Es tut gut, ein Gegenüber zu haben. Und Worte zu kennen, die man sagen kann.

Was habt ihr für Erfahrungen mit dem Beten?
Was denkt ihr, was es bringt?
Was könnt ihr den Konfis sagen?

Einladungen zum Gebet
(Teamer/innen-Projekt)

Bereitet einen Gebetsparcours in der Kirche vor:
> Station mit Gebeten, aus denen die Konfis wählen und eigene Gedanken dazuschreiben (**M4.1**). Alternativ: Die Gebete werden vorgelesen; dazu wird mit Papier und Farbe frei gestaltet.
> „Mailbox"-Station: Hier können Fragen, Bitten, Kommentare zum Leben an Gott gerichtet und gepostet werden; dazu stehen ein gestaltetes Plakat (Fenster) sowie vorbereitete Mail-Formulare (**M4.2**) zur Verfügung – möglich so, dass das Plakat in der Kirche bleiben kann.
> Gebetsstein-Station: Hier liegen helle und dunkle Steine bereit – mit der Einladung, eine Freude und/oder eine Sorge zum Altar zu tragen, abzulegen und eine Kerze anzuzünden.
> Die „Perlen des Glaubens" – entweder zum Selbst-Auffädeln nach Anleitung; oder es liegen Armbänder für eine kleine Gruppe bereit und jemand von euch/aus der Gemeinde gibt eine kleine Einführung und Anregungen zur eigenen Meditation (**M4.3**).

Während die anderen Stationen in beliebiger Reihenfolge und Verweildauer besucht werden können, ist bei den „Perlen des Glaubens" eine Verabredung nötig, z. B. drei Gruppen zur 1. / 2. / 3. Viertelstunde.

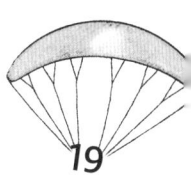

Verlauf

Vorbereitung und Material

M4.1, M4.2, M4.3, M4.4, M4.5, M4.6

Der Konfi-Raum wird wie gewohnt vorbereitet; außerdem wird in der Kirche der Gebetsparcours eingerichtet (s. Teamer/innen-Projekt). Jemand aus dem Team bereitet sich darauf vor, die „Entstehungsgeschichte des 23. Psalms" (**M4.4**) zu erzählen. Bibel. Gesangbuch.

Vaterunser und Glaubensbekenntnis. Die beiden „Kerntexte" der Konfirmandenzeit werden hier implizit eingeführt, gewissermaßen im Gebrauch. Das entspricht der Didaktik, die auch für Gottesdienst und Abendmahl vorgeschlagen wird. Sie ist jederzeit kombinierbar mit einer expliziten Einführung (s. Schnittstelle).

Ankommen

Stehempfang s. o.

Gemeinschaft, Geborgenheit, Schutz (Entdecken)

Mahlzeit

Ein Vaterunser-Lied einüben und singen
Das Brot brechen
Den Kelch teilen

Erzählen

Pastor/in (oder sonst jemand, der sich vorbereitet hat) erzählt, wie David den 23. Psalm „erfand" (**M4.4**).

Erfahrung und Bekenntnis (Deuten)

Klären und Erweitern

Murmelphase; Austausch: Was singt David am Anfang / am Ende? Was hat sich verändert? Wieso? Klärung: Psalm 23 drückt Erfahrungen aus und deutet sie. Psalm 23 ist ein Bekenntnis.

Eine schöne alte Bibel geht von Hand zu Hand. „Ein ganzes dickes Buch voller Erfahrungen von Menschen. Voller Bekenntnisse: Gott ist dabei gewesen. Das war Gott."

Die Konfis kennen noch ein anderes Bekenntnis. Das Gesangbuch wird aufgeschlagen, das Apostolische Glaubensbekenntnis. „Da stecken eine Menge Erfahrungen aus einer langen Geschichte des Christentums drin. Wir werden noch genauer darauf zu sprechen kommen (nicht heute)."

Oder: explizite Vorstellung des Credo, z. B. mit **M4.5**.

SPRACHE FINDEN

Gebetsparcours (Gestalten)

Ortwechsel / Ansagen

„Zu Gott kann ich sprechen. Er hört mich. Er hilft mir weiter. – Auch das ist ein Bekenntnis aus der Bibel. Auch dazu gehören Erfahrungen. Wir haben etwas vorbereitet, einen Parcours. Da könnt ihr eigene Erfahrungen mit dem Beten machen."

Drei Kleingruppen einteilen für die **Perlen des Glaubens**. „Wir werden eine Stunde lang in die Kirche bleiben. Zuerst werden wir euch die einzelnen Stationen vorstellen. Danach habt ihr Zeit: Wenn ihr nicht bei den „Perlen des Glaubens" seid, besucht die anderen Stationen – es gibt keine Reihenfolge und auch keine Regel, was ihr wo wie lange machen sollt.

Besuch der Stationen

Bei der Begehung der Stationen ist es wichtig, deutlich zu machen, was mit den Produkten geschieht: Die Bilder und Texte zu den vorgegebenen Gebeten werden mitgenommen und können beim Ankommen zur nächsten Konfizeit besichtigt werden. Die Mails an Gott verbleiben in der Kirche. Die Perlenarmbänder werden weiter verwendet.

Abschluss

Am Ende der Stunde treffen sich alle vor dem Altar; sprechen gemeinsam das Vaterunser. Singen ein Segenslied. Pastor/in erteilt den Segen.

Mehr

Nachhaltigkeit

Vgl. das zum Gebetsparcours Gesagte. Durch die Eigenaktivitäten der Teamer/innen entsteht hier zugleich auch Expertise, die von Konfikurs zu Konfikurs weitergegeben wird, hier zum Thema beten.

Die Gebete werden weiterverwendet; das Credo ist vorgestellt und wird, z.B. in Einheit 5, erneut eine Rolle spielen.

Arbeit mit dem *konfi live Begleiter*

S. 70/71: Hier finden sich Meinungen zur Bedeutung der Bibel.

S. 161–163: Zum Thema „bekennen"; das apostolische Glaubensbekenntnis ist auf S. 122 abgedruckt.

S. 151–153: Was ist „beten"?

SPRACHE FINDEN

Langfassung

FREITAG

Anreise

SAMSTAG

Vormittag: Davids Entdeckung (**M4.4**); Übungen mit Psalmversen (**M4.6**)
Nachmittag: Das Glaubensbekenntnis: Info (**M4.5**); freies Gestalten eigener Glaubensbekenntnisse

Hier können alternativ eigene bewährte Konzepte zur Beschäftigung mit dem Credo eingebracht werden.

Abend: Gebetsparcours in der (dunklen Kirche)

SONNTAG

Andacht rund ums Beten: mit Psalmlesungen, den Texten der Konfis, den Perlen des Glaubens.
Aufräumen, Abreise

SPRACHE FINDEN

Jesus Christus, Kirchenjahr
Mit Jesus gehen

 Kurzfassung: 3 bis 4 Stunden
Langfassung: 2 Tage oder mehr

„Was macht der Mann am Kreuz?" – Frage eines kleinen Kindes, das zum ersten Mal eine Kirche betritt. „Der Mann am Kreuz" fällt auf. Und vor allem irritiert er. Das hat er auch schon vor seiner Kreuzigung getan – und noch viel mehr danach: Was ist das für eine Botschaft, diese Botschaft von der Auferstehung? (Wie) Kann man das verstehen? „Ich glaub's einfach", sagt eine Teamerin. Das Kirchenjahr besteht zu drei Vierteln aus Jesus-Festen, das Glaubensbekenntnis widmet ihm seinen zweiten (und bei Weitem längsten) Artikel. Beides verbindet Christen aller Zeiten und Lebenszusammenhänge miteinander – im Fall von Weihnachten sogar Christen und Nicht-Christen.

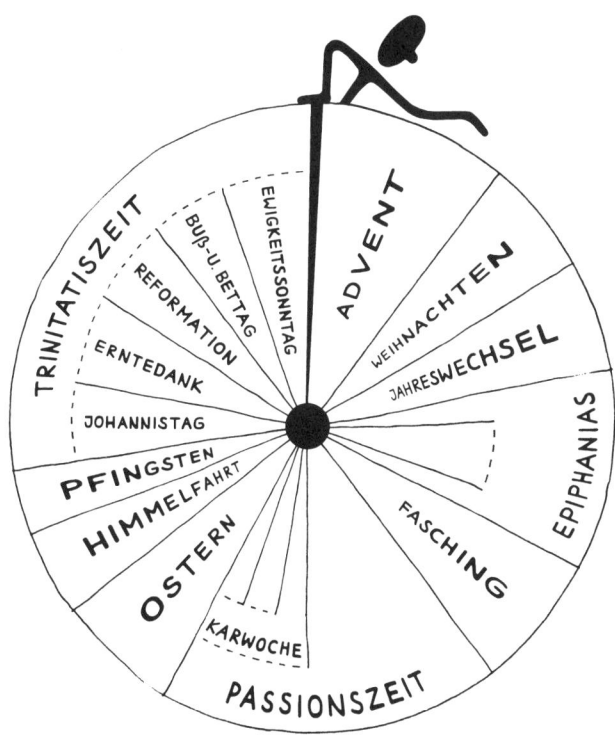

 Wie ist das bei dir?
Was bedeuten dir die Feste des Kirchenjahres?
Was bedeutet dir der Katalog des zweiten Artikels des Glaubensbekenntnisses?
Was bedeutet dir Jesus?

Standbilder aus dem Leben Jesu

Bereitet eine Jesus-Pantomime vor:
> die wichtigsten Stationen des Lebens Jesu in Gesten und Standbildern.
> Hilfe und Anleitung findet ihr in **M5.1**.
> Aber ihr könnt es auch ganz anders machen!

Verlauf

Vorbereitung und Material

M5.1, M5.2, M5.3

Die Teamer/innen haben eine Präsentation vorbereitet (s. o., Teamer/innen-Projekt mit **M5.1**). Jesus-Bilder aus Kinderbibeln, aus der Kunst; Kreuze und Kreuzigungsszenen. Die „Meinungen" aus dem *konfi live Begleiter* (S. 40/41) auf Plakaten (**M5.2**). Material für drei Stationen: Kirchenjahr – mit Netbook; Glaubensbekenntnis – mit Flipchart; dazu Aufgaben zum Ausdruck auf **M5.3**.
Jesus-Geschichten – mit Kinderbibeln oder dem Heft „Was macht das Christkind auf der Erde"? (Göttingen 2012)

Ankommen

Der Raum ist mit Jesus-Bildern und Zitaten gestaltet.
Stehempfang

So viele Jesus-Bilder (Entdecken)

Umschau im Raum

Mahlzeit

½ Stunde
Tischgebet an Jesus (Komm, Herr Jesus, sei du unser Gast)
Essen und Trinken
Tischgespräch: „Wie kommt es, dass wir zu Jesus beten?"

Denkzeit

½ Stunde
Während die Tafel abgebaut wird, kehren die Konfis in den Eingangsraum zurück und betrachten die ausgestellten Jesusbilder genauer. Sie schreiben auf leere Plakate / Sprechblasen eigene Sätze zu „Jesus" und hängen sie zu den vorhandenen.

Reflexion

Sie schmökern im *konfi live Begleiter* auf den „Jesus-Seiten": 39–58.

MIT JESUS GEHEN

Jesus-Haltungen (Deuten)

Jesus-Standbilder

Die Teamer/innen führen die vorbereiteten Stationen aus Jesu Leben auf.
Nachfragen, Feedback

Pause / Toben

Jesus im Jahr, in der Kirche, in Geschichten (Deuten / Gestalten)

Stationen

1 Std.
Die Stationen sind aufgebaut; jetzt werden sie erläutert:
> Das Kirchenjahr besteht vor allem aus Jesus-Festen. Recherchiert auf der VELKD-Seite http://www.velkd.de/vom_sonntag_her.php: Welche Feste sind Jesus-Feste und welche Station seines Lebens wird hier vergegenwärtigt / gefeiert? Gestaltet ein Schaubild.
> Der zweite Artikel des Glaubensbekenntnisses nennt Stationen des Lebens Jesu. Findet heraus, um welche es sich handelt, und unterhaltet euch darüber, wie ihr sie versteht. Verfasst ein eigenes Jesus-Glaubensbekenntnis.
> Die Evangelien erzählen von Jesus Leben und Sterben. Einige wichtige Geschichten findet ihr immer wieder: in Kinderbibeln, in eurem *konfi live Begleiter*. Sucht insgesamt vier Geschichten aus, die eurer Meinung nach ganz entscheidend für das Jesus-Verständnis sind. Bringt diese Geschichten auf den Punkt – im SMS-Format.

Für jede Station sind vorbereitete Teamer/innen zuständig. Die Aufgaben gibt es zum Kopieren auf **M5.3**. Die Gruppenbildung kann frei gestaltet werden.
Bei inklusiven Gruppen sollte aber darauf geachtet werden, dass gegenseitige Hilfe möglich ist.

Auswertung

½ Stunde
Die Stationen stellen „ihren Jesus" vor. Anschließende Frage: Ist das eigentlich immer derselbe? (Entdeckung, dass das Kirchenjahr und das Credo die Lehre und das Wirken Jesu kaum berücksichtigen!)

Abschluss

Mit Gedanken zum „Philipperhymnus" (Phil 2,5–11) mit A5.
Möchte der eine oder die andere Konfi noch etwas ergänzen?
Vaterunser und Segen

MIT JESUS GEHEN

Mehr

Nachhaltigkeit

Wenn es gelungen ist, Interesse an Jesus zu wecken, bieten sich drei Lektüren an: Dieter Schupp, Muss ich Jesus gut finden? (im digitalem Zusatzmaterial), das „Jakobus-Tagebuch: Mein Bruder Jesus" (im digitalen Zusatzmaterial); das Jugendbuch „Das Inselcamp", Martina Steinkühler, Hänssler Verlag 2011: http://www.scm-haenssler.de/produkt/ansicht/das-inselcamp.html

Arbeit mit dem *konfi live Begleiter*

S. 39–58: Ein Versuch, Wichtiges über Jesus auf wenigen Seiten zusammenzufassen

S. 88–91: Das Kirchenjahr und die Feste

S. 58: Am Ende dieses Treffen sollte jede/r Konfi hier etwas eintragen

S. 161–170: Einblicke ins Glaubensbekenntnis

Langfassung

Ein ausführliches Projekt zum Thema Jesus befindet sich im digitalen Zusatzmaterial: Mit dem (fiktiven) „Jakobus-Tagebuch" können die Konfis die Stationen Jesu vom Ende her (Kreuzigung, Auferstehung) neu beleuchten und erkunden.

Gebote, Reich Gottes
Orientierung finden

Kurz: 3 Stunden
Lang: von Freitagabend bis Sonntagmittag

Nicht töten, nicht stehlen, nicht betrügen, nicht lügen, nicht neidisch sein. Dazu noch: auf Gott vertrauen, ihn ernst nehmen, einmal in der Woche durchatmen. „Die zehn Gebote halte ich", sagt ein junger Mann. „Komme ich in den Himmel?"
„Den Himmel hast du auf Erden", sagt Jesus, „wenn du mit dir, Gott und den Menschen in Einklang lebst." „Ja, und?", sagt der junge Mann. „Tust du's?", fragt Jesus. Der junge Mann kann nicht antworten. Eine Sorge hier, eine Sorge da – wie im Himmel fühlt er sich nicht. „Befreie dich!", sagt Jesus. „Gib weg, was du hast, und dann folge mir." (Mk 10,17–22)

Mal ehrlich: Könntet ihr das? Alles weggeben? Leben wie Jesus? – „Eltern, Schule, Beruf ...", antwortet ihr. „Geht doch nicht!" Und später? – Es ist faszinierend, sich das einmal vorzustellen ...

„Leitplanken" auf dem Weg zum „Himmel auf Erden"

Bereitet Tischkarten und ein Legebild vor:
> 10 gelbe Karten mit je einem der Zehn Gebote (klassische Formulierung, **M6.1**)
> 10 blaue Karten mit je einem der Zehn Gebote, die ihr neu formuliert, und zwar als Angebot (z.B. „den Feiertag heiligen" = zur Ruhe kommen, frei werden vom Stress"; mit **M6.2**)

Wenn das Essen abgeräumt ist, soll ein Weg gelegt werden, kurvenreich, mit Ausgangspunkt („Erde") und Ziel („Himmel auf Erden", „Himmelreich, Glück").
Überlegt, welche Materialien ihr den Konfis dafür zur Verfügung stellt.
Bereitet eine Materialtheke vor.

Verlauf

Vorbereitung und Material

M6.1, M6.2, M6.3, M6.4 — Legematerial und Karten **M6.1** und **M6.2** „Leitplanken" (s. o. Teamer/innen-Projekt); Spielanleitung **M6.3** und eine/n vorbereitete/n Spielleiter/in; genügend Kopien der „Containerfächer" (**M6.4**; s. **M6.3**); als Deko für den Stehempfang: Verkehrsschulmaterial (vielleicht aus einer benachbarten Grundschule oder Fahrschule), Ausdrucke von Verkehrsschildern; oder: Spielzeugautos und Verkehrsschilder.

Zehn Gebote. Diese Einheit nähert sich den Geboten „von innen" her, von ihrem Geist her. Das Kooperationsspiel im zweiten Teil „befreit" in diesem Sinn von Ballast. Ein klassisches Angebot zur Erarbeitung der Zehn Gebote kann ergänzt werden.

Ankommen

Stehempfang. Der Raum ist als „Verkehrsschule" dekoriert.

Mahlzeit

½ Std.

Jede/r Konfi (ab Gruppenstärke 20) findet auf seinem Platz eine blaue oder gelbe Karte vor; bei mehr als 20 Konfis sind auch doppelte dabei; bei weniger Konfis sind nur die gelben verteilt, die blauen liegen verdeckt in der Mitte.

Vor dem Essen: Tischgebet

Die Regeln werden wiederholt: Sich nicht selbst nehmen; den Nachbarn einladen; Brot teilen, Saft weiterreichen. Gespräch über den Geist dieser Regeln.

Gemeinsam aufräumen.

Die Leitplanken (Entdecken)

Denkzeit

½ Std

Die Konfis mit gelben Karten lesen vor – immer eine/r. Gesucht wird die blaue Karte, die inhaltlich passt. Es kann dabei verschiedene Lösungen geben.

Die Paare werden probehalber nebeneinander abgelegt. Dann ist die nächste gelbe Karte an der Reihe usw.

Die Zuordnung der Paare kann im Lauf des Spiels immer wieder neu überdacht werden.

Gebote – Angebote (Deuten)

Die Konfis erläutern, was sie getan und was sie sich dabei gedacht haben.

These: Diese Gebote sind Angebote; sie führen zu einem guten, erfüllten Leben (Himmel auf Erden).

ORIENTIERUNG FINDEN

Der Weg Start und Ziel (Gestalten)

In Gemeinschaftsarbeit wird diese These als Legebild veranschaulicht; dazu stehen die Materialien zur Verfügung, die die Teamer/innen zusammengetragen haben.

Reflexion

Jeder Konfi zieht sich mit seinem *konfi live Begleiter* zurück und sucht nach Infos, Impulsen zu den Geboten (S. 171–179)

Möglichkeit zur kontextuellen Einbettung der Gebote (Mose, Sinai) sowie zur inhaltlichen Reflexion mit bewährtem Material

Nach einer Pause

2 Std. (mindestens; für alles zusammen)

Einführung

Die Konfis nehmen an Gruppentischen Platz; es liegen Stifte und genügend Blätter mit „Containerfächern" (**M6.4**) bereit.
Der Spielleiter lädt ein nach „Cainerda"[1] … (s. **M6.3**)

Spiel

Die Konfis müssen immer wieder neu entscheiden, was sie wirklich brauchen.

Bei der Zusammenstellung der Gruppen wird auf Diversität geachtet, so dass die Mitglieder einander gut beraten und stützen können.

Reflexion

Das Spiel endet mit der glücklichen Ankunft in Cainerda (**M6.3**, Teil 1). Schlussrunde: Die Konfis geben Kommentare zum Erlebten ab. Sie formulieren eine „Lehre" (etwa: durch Beschränkung zur Befreiung)

Abschluss

Mit dem „reichen Jüngling" (s. Einstiegstext in die Einheit).
Vaterunser
Segen

---

[1] Das Spiel ist ausführlich begründet und eingeführt in: Lothar Teckemeyer, Werkbuch Religion. Bausteine für die unterrichtliche Gemeindepraxis, Göttingen 2011, 93–96.

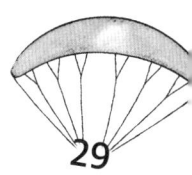

Mehr

Nachhaltigkeit

Das Spiel eignet sich für große Gruppen; die Konfis können es in eine Gemeindeveranstaltung einbringen oder zu einer regionalen Veranstaltung mit anderen Konfis / Jugendlichen.

Die Neufassungen der Gebote (TeamerInnen-Projekt) sind weiter verwendbar. Sie können zum Auftakt der nächsten Einheit verwendet werden (auf Plakate geschrieben), aber auch darüber hinaus.

Arbeit mit dem *konfi live Begleiter*

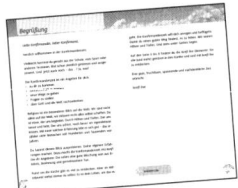

S. 171–175: Gebote als „Leitplanken"

S. 176/177: Biblische Neuerzählungen zum (Lebens-)Sinn von Regeln / Geboten.

S. 14/15: Was mir wichtig ist im Leben

Langfassung

FREITAG

Anreise
Abendprogramm: Spiel Cainerda (so weit wie in der Kurzfassung)

SAMSTAG

Vormittag: Fortführung unter Einbeziehung der Zehn Gebote (siehe **M6.3**, 2. Teil)
Nachmittag: Gruppenarbeit an den einzelnen Geboten; Gestaltung des „Weges" (s. Teamer/innen-Projekt)
Abend: Märchenstunde mit „Goldmarie und Pechmarie" (**M6.5**)

SONNTAG

Gottesdienst mit „Barmherziger Samariter", „Kornbauer" und „reicher Jüngling" (A6)
Aufräumen, Abreise

ORIENTIERUNG FINDEN

Gemeinde, Diakonie
Sinn suchen

Kurzfassung: 3 bis 4 Stunden
Langfassung: Freitag / Samstag in der Gemeinde / Sonntag mit Familiengottesdienst

Eine Mehrheit der Jugendlichen findet den „Sinn des Lebens" in der Gemeinschaft; von „Freundschaft", „Familie" und „Treue" ist viel die Rede in aktuellen empirischen Untersuchungen.[2] Aber auch im Handeln – „etwas Sinnvolles tun" erleben Menschen Sinn. In dieser Einheit werden „Gemeinschaft", „Nächstenliebe" und „Sinn" verbunden – vielleicht eine treffende Umschreibung christlicher Gemeinde.

Wo sucht ihr Sinn? Wo findet ihr ihn?
Was bedeuten Freunde?
Wie haltet ihr es mit dem „Gutes tun"?

Gesucht: Der Sinn des Lebens

Bereitet ein Anspiel vor:
z. B. Interview-Szenen: Wo findest du den „Sinn des Lebens"? (mit **M7.1**)

---

2 Beispielsweise: Andreas Feige / Carsten Gennerich, Lebensorientierungen Jugendlicher, Münster u. a. 2008.

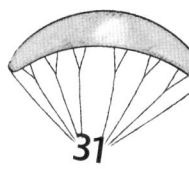

Verlauf

Vorbereitung und Material

M7.1, M7.2, M7.3, M7.4, M7.5, M7.6

Das Märchen von Swabedoo (**M7.2** Teile 1 und 2) soll möglichst frei erzählt werden; darauf bereiten sich ein oder zwei Freiwillige vor; die Teamer/innen spielen Interviewszenen zum Thema „Sinn des Lebens" (Teamer/innen-Projekt s. o.); Arbeitsblätter **M7.3** (für alle) und **M7.4** bis **M7.6** für je ein Drittel der Gruppe.

Gemeinde. Im Zusammenhang mit dem „Sinn des Lebens" kommt die Gemeinde als tragende Gemeinschaft in den Blick. Hier bestehen Anknüpfungsmöglichkeiten für bewährte Projekte wie: Gemeindepraktika und Erkundungen der vielfältigen gemeindlichen Aktivitäten (je nach Zeit und Gegebenheiten).

Ankommen

Stehempfang
Der Raum ist mit Plakaten der 10 Gebote und 10 Angebote (Teamer/innen-Projekt Einheit 6) sowie mit einigen Anklängen an die „Verkehrsschul-Optik" der letzten Einheit ausgestattet.

Mahlzeit und Denkzeit

½ Stunde
Tischgebet
Die Konfis teilen das Brot; reichen den Kelch weiter.

Beispiele für „Sinn" (Entdecken)

Die Teamer/innen führen die vorbereiteten Dialoge.

Staffel

¼ Stunde
Die Konfis nehmen das Thema auf. Ein/e Konfi erhält das Staffelholz und interviewt spontan den Nächsten: Was ist für dich der Sinn des Lebens? Usw.

Sinn für mich (Deuten)

Reflexion

Anschließend Zeit zum Rückzug mit dem *konfi live Begleiter*: S. 13 bis 15 (was ist mir wichtig?); S. 108 bis 111 (Ideal der christlichen Gemeinschaft).
Pause (mit Tobespiel)

SINN SUCHEN

Erzählzeit

¼ Stunde

Jemand, der sich darauf vorbereitet hat, erzählt die Geschichte von Swabedoo (**M7.2**, Teil I und II)

Doppeln

¼ Stunde

Die Konfis erzählen die Geschichte nach (Kleingruppen), und zwar einseitig aus der Sicht des Monsters. Dazu füllen sie Denkblasen (**M7.3**) aus.

Glaube und Zweifel (Gestalten)

Weitererzählen

¾ Stunde

Die Konfis erfinden in Kleingruppen Fortsetzungen der Geschichte.
Sie erzählen den anderen ihre Version.

Gemeinschaft (Entdecken / Deuten)

Übertragen

¾ Stunde

„Was hat unser Märchen mit der Wirklichkeit zu tun? Vielleicht mit der Wirklichkeit in einer christlichen Gemeinde?" Die Konfis beschäftigen sich in drei Gruppen

a) Mit dem Miteinander in der Gemeinde (Beispiel Familiengottesdienst oder Gemeindefest)

b) Mit dem Füreinander in der Gemeinde (Beispiel Besuchsdienst)

c) Mit dem „Für andere" in der Gemeinde (Beispiel Diakonie oder Eine-Welt-Projekt)

Dazu erhalten sie mehrere Gemeindebriefe und je eine Bibelstelle; vgl. Arbeitsblätter **M7.4** bis **M7.6**.

Präsentieren

¼ Stunde

Die Konfis stellen ihre Ergebnisse vor.

Abschluss

Vaterunser und Segen

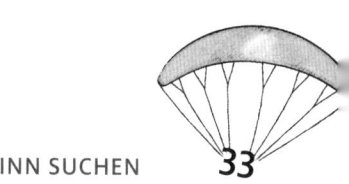

SINN SUCHEN

Mehr

Nachhaltigkeit

Anhand des Märchens von Swabedoo haben die Konfis entdeckt, wie sich in (guten) Geschichten Sinn finden lässt. Sie haben selbst entdeckt, wie Botschaften zu suchen und zu übertragen sind.

Das Märchen von Swabedoo bekommen die Konfis mit nach Hause; es lässt sich gut als Grundlage für einen Familiengottesdienst oder Kinderkirchentag weiter bearbeiten.

Arbeit mit dem *konfi live Begleiter*

S. 103–113: Wer gehört zur Gemeinde? Die Konfis können hier Namen und Unterschriften der Aktiven in der Gemeinde sammeln. Die Seiten über Aktivitäten in der Gemeinde helfen beim Lesen des Gemeindebriefes.

S. 96–99: Zugänge zum diakonischen und weltdienstlichen Handeln von Kirche. Diese Seiten verlocken vielleicht den einen oder anderen Konfi, zu Hause weiter zu recherchieren.

46–51: Zachäus, Bartimäus und Samariter – klassische Geschichten vom Miteinander und Füreinander.

Langfassung

Die Gruppen und Chöre der Gemeinde werden im Vorfeld eingeladen, sich und ihre Aktivitäten vorzustellen – im Rahmen einer „Gemeinde-Messe"

FREITAG

Kaffeetrinken und Interviews der Konfis
Das Märchen von Swabedoo

SAMSTAG

Vormittag: Frühstück; Andacht mit drei Bibelstellen (A7)
Vorbereitung des Gemeindesaals für die „Gemeinde-Messe"
Aufbau in drei Bereichen gemäß der Bibelstellen.
Nachmittag (14:00 bis 16:00): Gemeindemesse

Abend: Vorbereitung des Familiengottes mit dem Märchen „Frau Holle" digitales Zusatzmaterial; mit Konfis, Teamer/innen, Haupt- und Ehrenamtlichen

SONNTAG

Familiengottesdienst

SINN SUCHEN

Taufe, Abendmahl, Konfirmation
Gott im Leben spüren

 Kurzfassung: 3 Stunden
Langfassung: Wochenende

Taufe und Konfirmation sind
> kirchlich betrachtet gottesdienstliche Handlungen (die Taufe als Sakrament, die Konfirmation als feierliche Erinnerung und Bekräftigung);
> lebensweltlich betrachtet Anlässe zu Familienfeiern und Meilensteine in der Biografie.

In der Taufe wird dem Täufling Gottes „ja" zugesprochen. Wenn er noch unmündig ist, sind Eltern und Paten seine Zeugen. Bei der Konfirmation sagt der Konfirmand „ja" zu seiner Bindung an Gott, „ja" zu seiner Zugehörigkeit zur Gemeinde.
In der Taufe begrüßt die Gemeinde ein neues Mitglied; in der Konfirmation wird die Religionsmündigkeit der Konfirmanden gefeiert. Dazu gehört die gemeinsame Feier des Abendmahls.
In der Taufe erhält ein kleines Kind Segen und Geborgenheit; mit der Konfirmation tritt der junge Mensch aus der beschützten Kindheit (Schritt für Schritt) hinaus in ein selbstbestimmtes, „erwachsenes" Leben.
Die Fragen, die wir uns in der Konfizeit gestellt haben, nach Orientierung, Sinn, Werten und Bindungen, werden angesichts der Konfirmation noch einmal gebündelt: Welche Wege werde ich gehen und wie werde ich dabei Gottes Begleitung spüren: als Nähe, als Freiheit, als Verantwortung?

 Welche Erinnerungen habt ihr an eure Konfirmation?
Was ist davon bis jetzt geblieben?
Was könnt ihr den neuen Konfis über die Konfirmation sagen?

Konfirmationserinnerung

Sucht eure Konfirmationssprüche heraus;
Konfirmationseinladungen, -glückwunschkarten, -alben

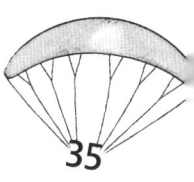

Verlauf

Vorbereitung und Material

M8.1, M8.2, M8.3

Die Teamer/innen bereiten den Konfi-Raum als Konfirmationserinnerungsraum vor: mit Glückwunschkarten, Konfi-Sprüchen ... Auch Taufkarten, Taufanzeigen, Taufkerzen gehören dazu.

Für den zweiten Teil wird benötigt: der Kurzfilm „One Minute Fly" (z. B. auf der DVD educativ „Was im Leben zählt" von Matthias Film http://www.matthias-film.de/product/de/Ethik-Werte-Normen/Was-zaehlt-im-Leben.html; für die Langfassung wird vorgeschlagen: Oscar und die Dame in Rosa, ebenfalls bei Matthias Film: http://www.matthias-film.de/product/de/Ethik-Werte-Normen/Oskar-und-die-Dame-in-Rosa-Oscar-et-la-dame-rose.html

Abendmahl. Das Abendmahl, seine Liturgie und Bedeutung, sind ein großes Thema im Zusammenhang mit der Konfirmation. Dieser Kurs setzt hier auf die Vorerfahrungen der „Mahlzeiten", das Bedenken des letzten Abendmahls Jesu in Einheit 6 sowie den Abschnitt zum Abendmahl im *konfi live Begleiter* (139–150). Im Mittelpunkt steht hier exemplarisch eine Funktion der Gottesbeziehung (die in Taufe, Abendmahl und Konfirmation ihren Ausdruck findet): Trost und Zuversicht zu geben. Ergänzt werden kann das vielerorts bewährte gesonderte Treffen zur Vorbereitung der gemeinsamen Abendmahlsfeier.

Ankommen

Stehempfang
Umschau im Raum

Mahlzeit

½ Stunde
Tischgebet
Brot teilen, Saft ausschenken
Infoteil „Abendmahl" (**M8.1**); Vergleich „Mahlzeit" – „Abendmahl"
Die Teamer/innen erzählen von ihrer Konfirmation

Umbaupause / Spiel

GOTT IM LEBEN SPÜREN

Leben im Angesicht des Todes (Entdecken)

Kurzfilm sehen und besprechen

20 min.

Die Konfis sehen – zunächst unvorbereitet – den Kurzfilm „One Minute Fly". Murmelphase, erste Kommentare

Beim zweiten Sehen: Wettbewerb, wer die meisten Dinge entdeckt, die „vor dem Tod" gemacht werden sollen.

Der Film lebt vom Tempo. Wenn einige in der Gruppe damit Schwierigkeiten haben, lässt sich mit Standbildern oder ausgedruckten Screenshots arbeiten.

Leben und Tod (Deuten)

Gruppenarbeit

Die Konfis erhalten „Nachrufe" (Ulf Nilsson, Die besten Beerdigungen der Welt; **M8.2**).
Austausch: Was ist der Tod? Was tröstet angesichts des Todes?
Die Gruppen wählen einen der „Nachrufe" aus.

Trost (Gestalten)

Die Gruppen entwickeln einen eigenen Trostspruch – schreiben, malen und gestalten sie als Plakat.

Präsentationen

Die gewählten Nachrufe werden vorgelesen und die Wahl begründet.
Die eigenen Trostsprüche werden ausgestellt und von der Gesamtgruppe „begangen".

Reflexion

Die Konfis ziehen sich mit ihrem *konfi live Begleiter* zurück; sie lesen / hören den „Infotext Auferstehung" auf Seite 169.

Aussprache

Konfis, Teamer, Pfarrer/in besprechen ihre Vorstellungen von Leben und Tod unter dem Spruch: „Leben wir, so leben wir mit Gott, sterben wir, so sterben wir mit Gott – ob wir leben oder sterben: Gott ist bei uns." (nach Römer 14,8; als Spruchband mit **M8.3**).

Abschluss

Andacht mit A8: („Auf diesen Gott, der im Leben wie im Sterben für uns da ist, seid ihr getauft. Diesen Gott wollt ihr in der Konfirmation als euren Begleiter bekräftigen. Darum geht es. Ihr müsst nicht atemlos leben. Ihr könnt gelassen leben. Eure Beziehung zu Gott ist stärker als der Tod.")
Vaterunser
Segen

GOTT IM LEBEN SPÜREN

Mehr

Nachhaltigkeit

Der Film „One Minute Fly" kann als Basis des Vorstellungsgottesdienstes verwendet werden.

Die Erinnerungen und Materialien der Teamer/innen zur Konfirmation können den Raum auch zum Elternabend anlässlich der Konfirmation gestalten.

Arbeit mit dem *konfi live Begleiter*

S. 132–135: wichtige Texte zur Taufe

S. 139–150: wichtige Texte zum Abendmahl

S. 164/165 und 168/169: Hier ist der Trost thematisiert, den Christen angesichts der Endlichkeit des Lebens in ihrem Glauben finden.

Langfassung

FREITAG

Anreise
Filmabend (z. B. „Oscar und die Dame in Rosa")

SAMSTAG

Vormittag: Friedhofsbegehung „Trostzeichen suchen"
Nachmittag: Wasser, Segen, Name, Weg (Stationen zu Taufe, Abendmahl und Konfirmation im digitalen Material)
Abend: Vorbereitung einer Andacht / des Vorstellungsgottesdienstes mit: „One Minute Fly"

SONNTAG

Andacht mit „One Minute Fly"
Abreise

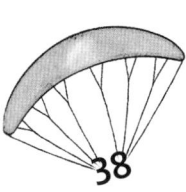

Exkurse

Das Thema „Bibel" liegt quer zur Struktur der Einheiten – sie ist immer mit dabei, wird aber nicht explizit thematisiert. Dieses kann im Rahmen eines Projektes oder einer Freizeit geschehen.

„Martin Luther" ist ein Sonderthema, das besonders in der Luther-Dekade nahe und besonders der VELKD als Herausgeberin dieses Materials am Herzen liegt. Hier wird ein Theaterprojekt vorgeschlagen, das parallel und / oder außerhalb des Konfi-Kurses angeboten werden kann (auch regional); es gibt auch eine „kleine Lösung", Ideen für einen einzigen Termin.

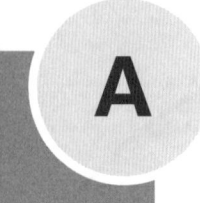

Die Bibel

 Für alle drei Teile: ein Tag

Jugendliche und Bibel – zwei Welten …? Jedenfalls ist „Bibel" ein Reizwort für viele Vierzehnjährige, das oft mit jäher Abwehr beantwortet wird. Und es ist weder sinnvoll, diesen Widerstand einfach zu ignorieren, noch zu verbergen, dass die Bibel die Grundlage des christlichen Glaubens ist. Besser: den Widerstand ernstnehmen, thematisieren und dann zusammen mit den Jugendlichen überprüfen, woher ihr Widerwille kommt und ob er stichhaltig ist.

Erinnert ihr euch an eure „Geschichte" mit der Bibel?
Wo seid ihr Bibelgeschichten zuerst begegnet?
Wie haben sie auf euch gewirkt?
Und dann, in der Schule?
Was bedeutet die Bibel euch heute?

Die Bibel und ich

 Bereitet ein Positionierungsspiel zur Bibel vor:
> Erarbeitet Thesen zur Bibel (Anregungen auf **Bibel M1**).
> Ihr braucht viel freien Raum und Kreppband.
> Mit dem Kreppband wird eine Linie auf den Boden geklebt und mit Markierungen versehen: am Anfang 0, am Ende 100 %, in der Mitte dazwischen 50 %.
> Die Konfis werden gebeten, sich zu euren Thesen zu positionieren (Stimmt gar nicht, stimmt vollkommen; oder dazwischen).
> Wenn alle ihre Position gefunden haben, können einige diese für sich begründen.

Anschließend seid ihr dran: Könnt ihr den Konfis etwas erzählen zum Thema „Die Bibel und ich"?

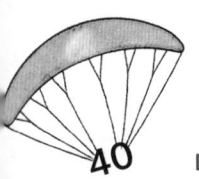

DIE BIBEL

Verlauf (dreiteilig)

Vorbereitung und Material

Bibel M1 bis
Bibel M6

Raumgestaltung s. u. und gemäß Teamer/innen-Projekt s. o.
Russisch Brot; verschiedene Bibelausgaben (auch für Kinder und Jugendliche); Spruchband (**Bibel M2**); Einführung „Wahrheit der Bibel, Entstehung, Inhalt, Gattungen" (**Bibel M3**); Bildbeschreibung (**Bibel M4**) und Bild zur Projektion (digitales Zusatzmaterial)
Lose (**Bibel M5**); drei Stationen (Einführung und Aufgaben: **Bibel M6**)
Möglichkeit zur Beamer-Präsentation, möglichst mit Internetzugang http://wiki.volxbibel.com/Hauptseite; Powerpoint-Vortrag im digitalen Zusatzmaterial

Dieser Entwurf zielt auf hermeneutische und existenzielle Fragen im Zusammenhang mit der Bibel. Alternativ sind bewährte Konzepte zum spielerischen Erwerb von bibelkundlichen Kenntnissen einsetzbar; z. B. ein Bibel-Quiz oder eine Bibel-Rallye.

Ankommen

Empfang mit „Buchstaben-Keksen" (Russisch Brot)
Gemeinsames Betreten des Konfi-Raumes: Statt Brot und Saft liegen auf dem Tisch (den Tischen) verschiedene Bibeln (auch Schul- und Kinderbibeln) zum Schauen und Blättern. Spruchband: „Der Mensch lebt nicht vom Brot allein" (**Bibel M2**)

Teil 1
Die Bibel und ich (Entdecken)

(Statt der) Mahlzeit

Die Konfis tauschen sich über das veränderte Setting aus; blättern, schauen. Die Teamer/innen geben Impulse, z. B. lesen sie laut immer wieder den Spruch. Schließlich wird übergeleitet zum

Positionieren

Eine eindrucksvolle Bibelausgabe wird auf einen Stuhl in der Mitte eines freien Raums gelegt. Die Konfis werden gebeten, sich so nah oder fern dazu zu positionieren, wie es ihnen spontan stimmig erscheint. So bleiben sie stehen. Einzelne geben freiwillig (durchaus aber auf Nachfrage) Kommentare zu ihrer Position ab.

Teamer/innen-Projekt

(s. o.)

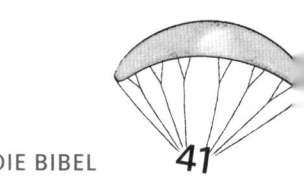

DIE BIBEL

Die Bibel und ihre Bedeutung (Deuten)

Denkzeit

Mögliche Erweiterung / Fortführung des Teamer/innen-Projekts: An vier Ecken des Raumes wird je eine These (**Bibel M1**) angebracht. Die Konfis gehen umher und entdecken die Thesen aus dem Positionierungsspiel wieder. Jede/r entscheidet für sich, welche These ihn / sie besonders anspricht oder auch reizt. Jede/r begibt sich zu seiner / ihrer These. Die These wird abgenommen; die Gruppe, die sich dort eingefunden hat, führt ein (Schreib-)Gespräch dazu. Dieses soll anschließend zusammengefasst dem Plenum vorgetragen werden.

Die Konfis ziehen sich mit ihrem *konfi live Begleiter* zurück; lesen die „Meinungen" auf den Seiten 70/71, schreiben die eigene hinzu.

Auswerten und Klären

Die Ergebnisse aus den Gesprächsgruppen werden vorgetragen. Vermutlich spielen die Frage des Alters und der Glaubwürdigkeit die Hauptrolle.

Es wird herausgearbeitet, dass „alt" oft „wertvoll" bedeutet; und dass Glaubwürdigkeit nicht am Buchstaben oder am Glauben an Verbalinspiration hängt, sondern an den Lebensweisheiten, die sich aus Bibelworten und Bibelgeschichten erschließen lassen.

Hierzu hält Pfarrer/in oder ein vorbereiteter Teamer/in oder Gemeindeglied einen Kurzvortrag über Entstehung und Verstehensmöglichkeiten der Bibel (mit **Bibel M3**)

Weiterführen

Das Bibel-Bild von Silke Rehberg (*konfi live Begleiter* S. 69; zur Projektion: im digitalen Zusatzmaterial) wird vorgestellt. Erster Eindruck: „Wie wirkt das Bild?" – Beschreibung: „Was sehe ich?" – Erläuterungen (**Bibel M4**) – Auseinandersetzung: „Wie verstehe ich das Bild?"

Ende Teil 1

An dieser Stelle kann der Exkurs „Bibel" beendet werden; z. B. mit einer Gestaltungsaufgabe: Die Konfis suchen aus den „Starken Sprüchen" im *konfi live Begleiter* (aus der Bibel, aus dem Internet) ihren Favoriten heraus und gestalten ihn kalligrafisch.

Teil 2
Was ist Wahrheit? (Entdecken)

Anknüpfen

Jeder Konfi zieht ein Los (**Bibel M5**).

Die Konfis, die dasselbe Wort gezogen haben, bilden eine Gruppe und besprechen: Was erwarte ich, wenn ich diese Sendung anschaue? Insbesondere: Wie steht es mit dem Wahrheitsgehalt?

Austausch und Zusammenfassung: „Mit Wahrheit in Film und Fernsehen geht ihr, wie wir gesehen haben, ja ganz locker um. Anders ist es oft bei der Bibel. Da gibt es

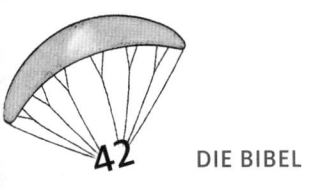

welche, die sagen: Das ist alles wortwörtlich Gottes Wort. Das ist alles genauso passiert. Und da gibt es andere, die sagen: Wenn ich das so wortwörtlich glauben soll, dann nein danke! Ich bin doch nicht blöd. Ich möchte euch heute eine Mittelposition vorschlagen – eine Position, die Wissenschaft und Glauben versöhnt ..."

Die Bibel und ihre Sprache (Deuten)

Weiterführen (Stationen)

Die Teamer/innen stellen die Stationen vor (Einführung und Aufgaben: **Bibel M6**); gemäß den im Vortrag angesprochenen Themen geht es an Station 1 um „Reden von Gott", Station 2 „Gleichnisse", Station 3, „Wunder".

Arbeitsmaterial ist der *konfi live Begleiter* mit seinen jeweiligen Infos und je einem Beispiel (1: Info Reden von Gott, S. 26. Dazu: Gott als Töpfer und Gärtner, S. 27–29; 2: Info Gleichnisse, S. 78. Dazu: Der gütige Vater, S. 36/37; 3: Info Wunder, S. 80. Dazu: Bartimäus, S. 48/49).

Die Bibel und ihre Wahrheit (Gestalten)

Präsentationen

Die Ergebnisse werden vorgestellt.
Rückfragen sind zugelassen.
Die Gruppe, die das Ergebnis erarbeitet hat, hat das letzte Wort.

Ende Teil 2

An dieser Stelle kann der Exkurs „Bibel" beendet werden; mit Psalm 119,103, Vaterunser und Segen.

Teil 3
Das Projekt Volxbibel wahrnehmen (Entdecken)

Ankommen

Textbeispiele aus der Volx-Bibel – herauskopiert und vergrößert – sind im Raum verteilt; z.B. aus der Bergpredigt, Psalm 23, Sieben-Tage-Schöpfung.

Einstimmen

Texte aus der Volx-Bibel werden gelesen (Teamer/innen, im Raum verteilt). Die Konfis äußern erste Eindrücke, vielleicht Befremden – „Ist das aus der Bibel?"

DIE BIBEL

Das Projekt Volxbibel kennenlernen (Deuten)

Vorstellen

Das Volx-Bibel-Projekt wird vorgestellt und am Beispiel „Ihr seid das Salz der Erde" anschaulich.

Eigene Sprache finden (Gestalten)

Übersetzen

Die Konfis suchen aus den „starken Worten" aus Teil 1 welche aus, die sie in Kleingruppen ihrerseits übertragen: einmal rein in Jugendsprache, in einem zweiten Durchgang dann in eine Sprache, von der sie finden, dass sie dem Inhalt angemessen ist und gut seinen Sinn / die Bedeutung, die sie ihm beimessen, wiedergibt.

Präsentieren

Mündlich: Die Ergebnisse der Übersetzungsversuche werden vorgetragen – in zwei Runden: streng „jugendlich"; „mit Sinn".

Abschluss

Vaterunser und Segen

Mehr

Nachhaltigkeit und Weiterarbeit

Die hier erarbeitete hermeneutische Kompetenz im Umgang mit Bibeltexten kommt allen regulären Einheiten zugute. Sie soll immer wieder ausdrücklich abgerufen werden.

Arbeit mit dem *konfi live Begleiter*

S. 69–82: Infotexte und Beispiele unterstützen einen aufgeklärten Umgang mit der Bibel.

S. 73: Darstellung und Link veranschaulichen grafisch und praktisch die Mehrstimmigkeit der biblischen Schriften; hier besteht die Möglichkeit, bibelkundliche Kenntnisse zu erwerben.

Alternative / ergänzende Ideen

Die drei Teile ergänzen einander und bauen aufeinander auf. Wer einen kürzeren Exkurs wünscht, kann sich entweder auf Teil 1 oder auf Teil 1 und 2 beschränken.

Zu Teil 3: Das Volx-Bibel-Projekt ist umstritten. In Teil 3 wird es exemplarisch vorgestellt – als ein Projekt, wie Jugendliche und Bibel zusammenfinden. Das ist offen für alle Kritik. Wer den Vorschlag dennoch nicht verwenden möchte: Es ist auch möglich, medienkritisch mit aktuellen Bibelportalen im Internet zu arbeiten oder mit Bibel-Comics oder Bibel-Manga (z. B. Jesus. Die größte Geschichte aller Zeiten, von Mechthild und Veronika Kleineidam, erschienen im Chrismon Verlag).

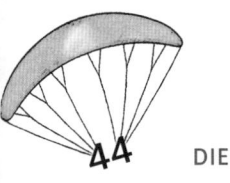

DIE BIBEL

Martin Luther

Theaterprojekt: Benötigt werden eine Startsitzung für die Gesamtgruppe, mehrere Einzelgruppentreffen und schließlich ein Tag für die gegenseitigen Vorstellungen; am Ende des Weges steht die Aufführung des ganzen Stückes in der Gemeindeöffentlichkeit.

„Luther? – Hatten wir schon!" – Das können vermutlich die meisten Konfis sagen. Vermutlich hat man versucht, ihnen Luthers Lebenslauf nahezubringen. Aber warum ist Martin Luther eigentlich so wichtig? Er steht für Grundsätze, die bis heute prägend sind: für den Wert des Originals (Jeder soll selbst in der Bibel lesen können!); für den Wert der eigenen Überzeugung (Niemand kann mir vorschreiben, was und wie ich glauben „muss"); für die Unterscheidung von Form und Füllung (Die Kirche muss sich immer wieder „reformieren"!)

Habt ihr schon einmal an einem Reformationstags-Angebot für Schülerinnen und Schüler teilgenommen? Wie war das?
Wie wurde Martin Luther „aktualisiert"?
Habt ihr dazu eine eigene Idee?

Luther begegnen

Gestaltet den Konfi-Raum als Begegnungsraum mit Luther, zum Beispiel mit:
> Luther-Bonbons, Luther-Keksen und Luther-Luftballons; zu beziehen über http://www.kirchenshop-online.de/themenbereiche/luther.html
> Ausdrucken von Luther-Botschaftern („Zwergen"; siehe: http://www.ottmarhoerl.de/sites/projekte/projekt_39.php?link=39&pro=sta
> Ausdrucken von Luther-Porträts / Filmplakat „Luther. Der Film"
> Lutherspiel, Lutherquiz und Persönlichkeitstest „Sind Sie ein Luthertyp" auf Netbooks: http://www.ekd.de/medien/film/martinluther/luthertyp.html http://www.ekd.de/medien/film/martinluther/spurenluthers.html
> Bereitet euch darauf vor, die Luther-Texte **Luther M1** bis **Luther M6** gut vorlesen zu können.

Verlauf

Vorbereitung und Material

Luther M1 bis Der Konfi-Raum wird entsprechend vorbereitet (Teamer/innen-Projekt, s. o.)
Luther M7 Die Texte **Luther M1** bis **Luther M6** aus Gottfried Orth (Hg.), Martin Luther in der Gemeinde (Gemeindearbeit praktisch, Göttingen 2013), Kapitel 1, eine narrative Biografie. Für die Gruppentreffen: Requisiten je nach Bedarf, Aufgaben **Luther M7**.

Luther begegnen (Entdecken)

Ankommen

Stehempfang mit Lutherkeksen und Lutherbonbons

Mahlzeit

¼ Stunde
Tischgebet, Saft austeilen wie üblich; statt Brot aber Lutherkekse
Tischgespräch über all die Versuche, Martin Luther „lebendig" zu halten.

Staffel

¼ Stunde
„Martin Luther – da fällt mir ein …"

Umschau

Die Konfis sehen sich die Luther-Bilder an,
machen den Persönlichkeitstest,
stellen sich auf einen „Sockel" (Stuhl) mit der Aufschrift: „Hier stehe ich, ich kann nicht anders"
hören die Einspielung: „Ein' feste Burg" (EG 362)

Von Luther hören (Deuten)

Lesungen

Die Teamer/innen lesen nach und nach die Luthertexte 1 bis 6 vor.

Denkzeit

Die Konfis ziehen sich mit ihrem *konfi live Begleiter* zurück. Auf S. 95 finden sie Anfragen an Luther, die sie bedenken und ggfs. kommentieren.

Projekt

Die Konfis bilden Gruppen, indem sie sich zu einem der Teamer/innen stellen, die vorgelesen haben – je nachdem, was sie am spannendsten finden.
Das Projekt: „Bearbeitet den Text für ein Anspiel. Die Angaben auf dem Aufgabenblatt geben euch den Rahmen vor. Es geht um einen Spagat von Luther damals und Luther heute."

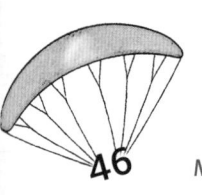

Die Konfis verabreden sich zu Gruppentreffen.

Perspektive: Am Ende stehen die Abstimmung der Gruppen und eine Gesamtaufführung.

Abschluss

Mit Luthers Abendsegen (EG 852, Hannover, Nordkirche)

Des Abends, wenn du zu Bett gehst, kannst du dich segnen mit dem Zeichen des heiligen Kreuzes und sagen:

Das walte Gott Vater, Sohn und Heiliger Geist! Amen

Darauf kniend oder stehend das Glaubensbekenntnis und das Vaterunser. Willst du, so kannst du dies Gebet dazu sprechen:

Ich danke dir, mein himmlischer Vater, durch Jesus Christus, deinen lieben Sohn,
dass du mich diesen Tag gnädiglich behütet hast,
und bitte dich, du wollest mir vergeben alle meine Sünde,
wo ich Unrecht getan habe,
und mich diese Nacht auch gnädiglich behüten.
Denn ich befehle mich, meinen Leib und Seele und alles in deine Hände.
Dein heiliger Engel sei mit mir, dass der böse Feind keine Macht an mir finde.

Alsdann flugs und fröhlich geschlafen.

Mehr

Nachhaltigkeit und Weiterarbeit

Die erarbeitete Version wird in der Gemeinde aufgeführt (oder auch gezielt in einem Jugendgottesdienst oder den Eltern im Vorstellungsgottesdienst); sie kann der folgenden Konfi-Gruppe als Impuls dienen, es anders zu machen.

Arbeit mit dem *konfi live Begleiter*

S. 95: Fragen an Martin Luther

Alternative / ergänzende Ideen

Wie hier vorgestellt, ist der Exkurs „Martin Luther" zeitaufwändig. Als Kurzform ist gut denkbar: einfach nur die Vorschläge für die Startsitzung umzusetzen – ohne Gruppeneinteilung. Dieses Angebot eignet sich wegen der vielfältigen Zugänge auch gut für den inklusive Gruppen.

Ideen für Andacht und Gottesdienst

Konfirmandenzeit braucht Rituale und spirituelle Impulse. Die Erfahrung zeigt, dass Jugendliche hierfür empfänglich sind. Anstelle einer Andacht beginnen die hier vorgestellten Kurzeinheiten mit einer rituellen Mahlzeit – Vorgeschmack auf das Abendmahl.

Der Abschluss ist klassisch: Vaterunser und Segen; wo es sich anbietet, erweitert durch einen spirituellen Anklang an das Thema der Einheit.

Das Element der Andacht kommt nicht zu kurz; außer in Einheit 4 hat sich jedes Mal ein Platz gefunden, wo sie ihren organischen Platz findet. Ideen für den jeweiligen Inhalt finden sich im digitalen Zusatzmaterial unter A1 bis A8.

A1 Was wirklich zählt

A2 Meditation am Altar

A3 Gott liebt mich!?

A5 Er hätte es nicht nötig gehabt (Gedanken zu Philipper 2)

A6 Wo geht es hier zum Reich Gottes?

A7 Zusammen sind wir stark!

A8 Stärker als der Tod

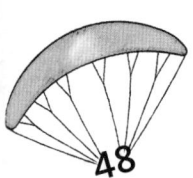

Die Elemente des Konfer

M1.1

Was ich brauche ...
Vertrauen

Was ich brauche ...
Freiheit

Was ich brauche ...
Sicherheit

Was ich brauche ...
Anerkennung

Was ich brauche ...
Kommunikation

Was ich brauche ...
Lebensfreude

Was ich brauche ...
Frieden

Was ich brauche ...
Nahrung

Was ich brauche ...
Gemeinschaft

MATERIALIEN

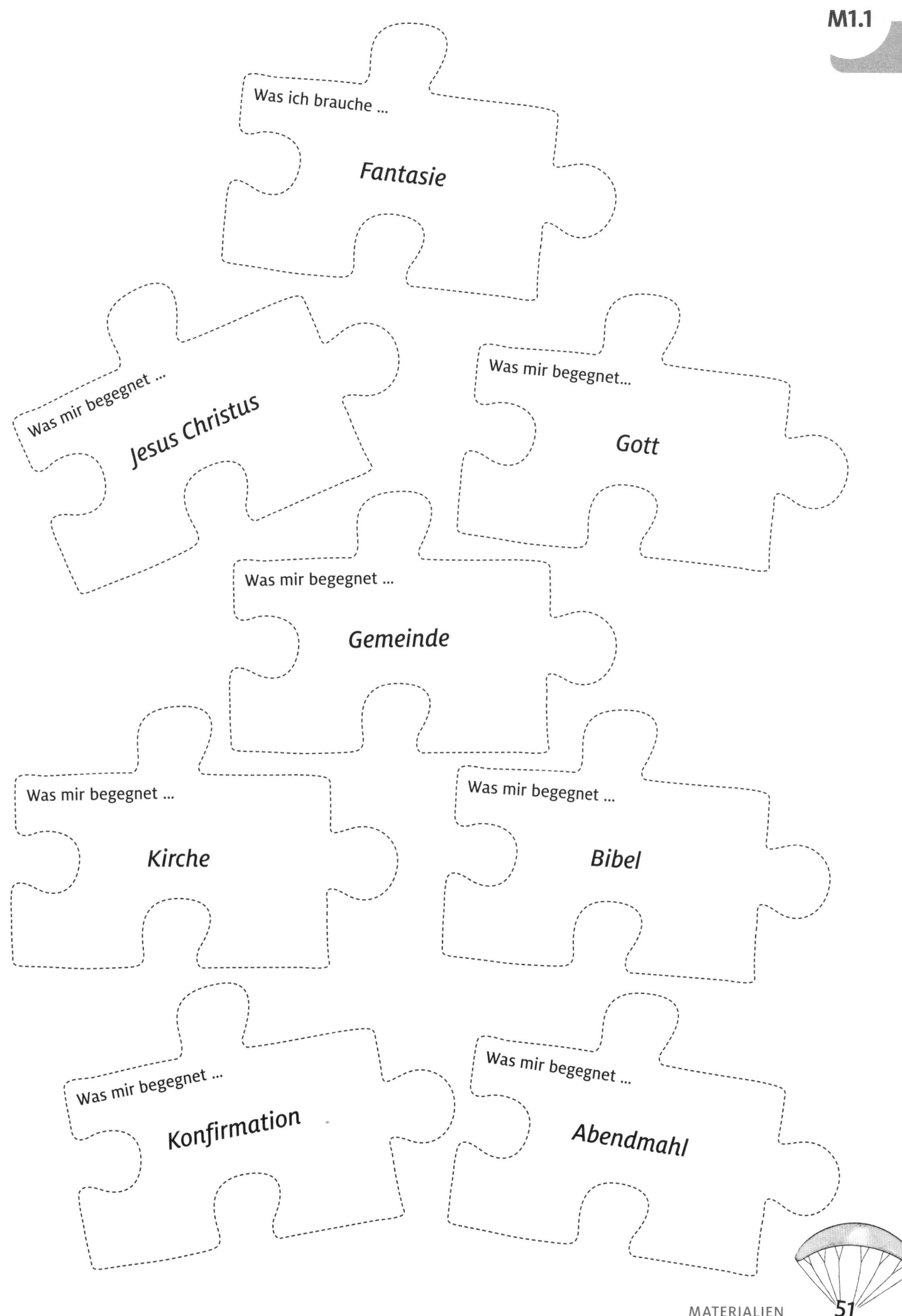

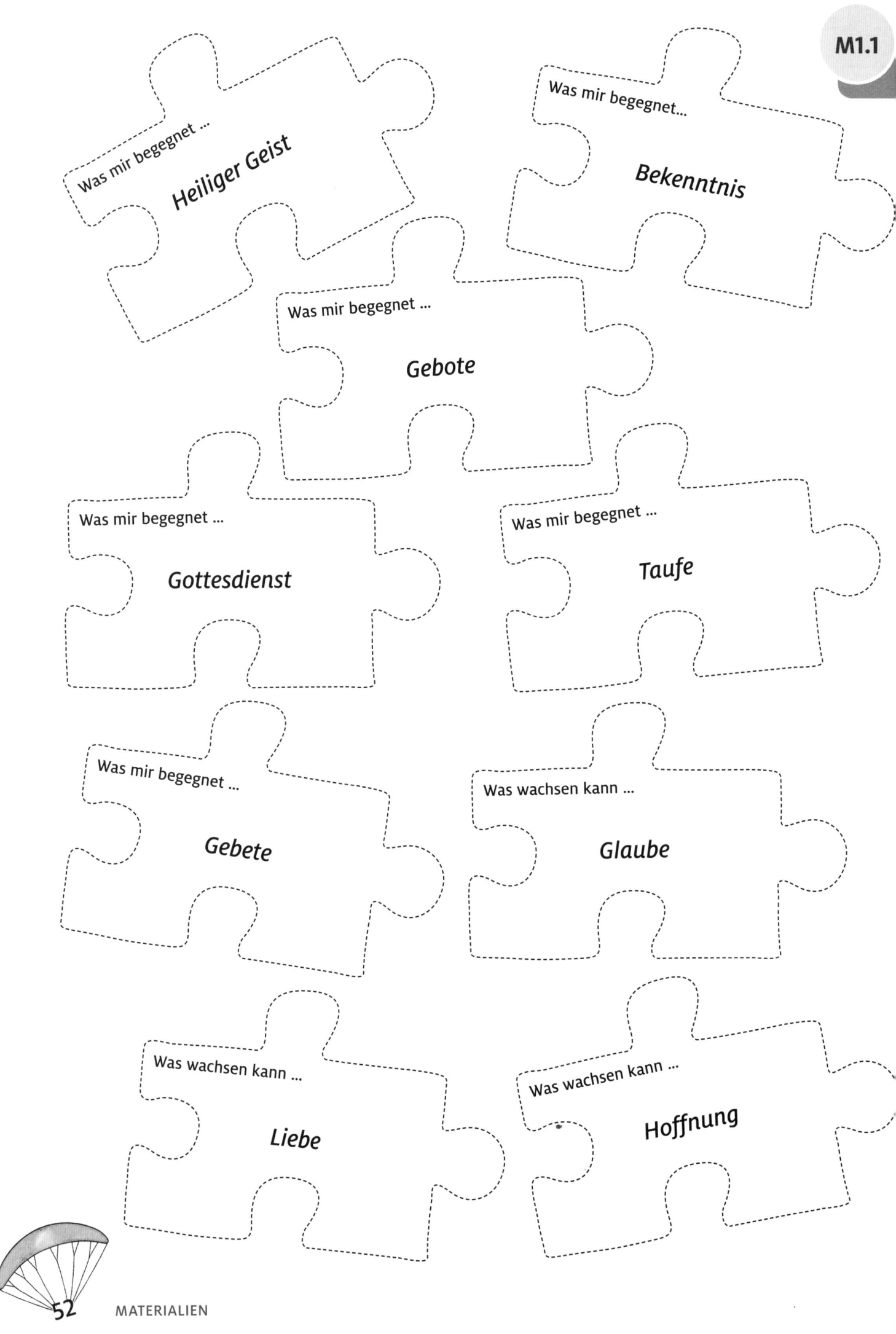

Ein Weg durch die Konfirmandenzeit

M1.2

„Die Gestalter/innen eurer Konfirmandenzeit seid vor allem ihr. Aber wir – als Vorbereitungsteam und die Gemeinde als Veranstalter – sind für die Planung und die Angebote zuständig. Und so haben wir uns überlegt, in welcher Erwartung und mit welchen Fragen ihr hier wohl ankommt und wie wir das mit dem, was wir euch anzubieten haben, verbinden können.

Die einzelnen Elemente der Konfirmandenzeit habt ihr schon gesehen – wir zeigen euch jetzt den Weg, den wir daraus gelegt haben. Darüber, welche Bedürfnisse jeweils aufgenommen werden, gab es verschiedene Meinungen. Da können wir nachher gern noch allerhand hin- und herschieben …"

	Erwartungen, Fragen	Einheit	Bedürfnisse
1	„Was kommt da auf mich zu?"	Konfi-Zeit	Fantasie
2	„Stress, lass nach!"	Gott, Kirche	Vertrauen, Frieden
3	„Unser Leben soll Freude machen!"	Gottesdienst, Schöpfung	Lebensfreude
4	„Mir fehlen die Worte!"	Gebet, Bibel, Glaubensbekenntnis	Kommunikation
7	„Worauf kann ich mich verlassen?"	Jesus Christus, Kirchenjahr	Sicherheit
5	„Wo geht's lang?"	Gebote, Reich Gottes	Freiheit
6	„Was ist der Sinn?"	Gemeinde, Diakonie	Anerkennung
8	„Wie geht's weiter?"	Taufe, Abendmahl, Konfirmation	Vertrauen
		Glauben, hoffen, lieben	

MATERIALIEN

Die Skulpturengruppe

Vorbereitung und Material

Ton, Ränderscheibe
Ton / Modelliermasse
Arbeitstisch
Teelöffel für alle Konfis

Was wird gemacht?

Jede/r Konfi erhält eine noch weiche Tonkugel (etwa so groß wie eine Mandarine)

Anregung

Gestalte die Kugel:
> Gib ihr ein Gesicht.
> Gib ihr etwas von dir.

Achtung
Die Tonkugel kann nur eine begrenzte Zeit gestaltet werden, weil sie durch die Handwärme allmählich trocknet.

Fertigstellung

Die einzelnen gestalteten Kugel werden miteinander verbunden.
Von der Innenseite wird der Ton verstrichen.
Getrocknet und gebrannt kann die Skulpturengruppe als Kunstwerk ausgestellt werden.

Nach einer Idee von Lothar Teckemeyer

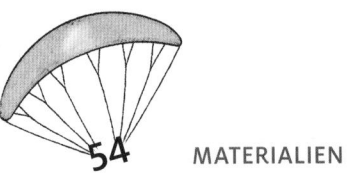

Gott erschafft Himmel und Erde

Silke Rehberg, Schöpfung (zur Projektion und zum Ausdruck s. digitales Zusatzmaterial)

Die neue Schöpfung

Die Betrachtung eines Kunstwerks (Bild, Skulptur) vollzieht sich generell in drei Phasen:
1. Was sehe ich?
2. Was muss ich wissen? Was „sagt" das Bild?
3. Was „sagt" das Bild mir?

Vorschlag zu 2.
Dazu gehören: Die priesterschriftliche Schöpfungserzählung 1 Mose 1; Infos über die Absicht der Künstlerin: Vereinbarkeit der Geschichte von der Sieben-Tage-Schöpfung mit modernen, naturwissenschaftlichen Anschauungen.

Ablauf

Die Schöpfungsgeschichte lesen, z. B. in einer elementarisierten Form …

1. Am Anfang, vor aller Zeit, als noch nichts war, am Anfang war Gott. Und mit einem großen Knall machte er Himmel und Erde, Masse und Energie, und sein Geist schwebte über den Urmeeren des Universums. Da sagte Gott: „Licht!" Da wurde es Licht. Gott sah es an und sagte: „Gut so!" Das war der erste Tag.

2. Und Gott trennte das Chaos der Urmeere von der Erde. Gott sah es an und sagte: „Gut so!" Das war der zweite Tag.

3. Und Gott trennte das Wasser der Erde von dem festen Land. Gott sah es an und sagte: „Gut so! Nun kann das Leben beginnen." Und im Wasser und an Land entstanden aus Gott Gräser und Kräuter, Bäume und Algen und alles, was grün ist. Und Gott sah es an und sagte: „Gut so!" Das war der dritte Tag.

4. Da setzte Gott einen Rhythmus für das Leben, ein großes Licht für den Tag, ein kleines für die Nacht. Und Gott sah es an und sagte: „Gut so!" Das war der vierte Tag.

5. Da sagte Gott: „Es wimmle das Wasser von lebendigen Tieren, und in den Lüften des Himmels sollen Vögel fliegen." Und es entstanden Krebse und Schnecken und Kraken im Wasser, Plankton und große Wale. Und in den Lüften flogen Vögel, Schmetterlinge, Fliegen und der große Adler. „Gut so!", sagte Gott. „Seid fruchtbar und werdet mehr und mehr." Das war der fünfte Tag.

6. Da sagte Gott: „Auf dem festen Land sollen sie auch leben, das Vieh und die Würmer und Tiere des Feldes." Und auf dem festen Land waren Tiere, Schafe und Elefanten, Meerschweinchen und Dinosaurier. Gott sah sie alle an und sagte: „Gut so! Aber eins fehlt noch: Menschen. Geschöpfe, die ein Abbild von mir sein können." Und er schuf den Menschen, eine Frau und einen Mann. „Seid gesegnet, ihr Menschen, seid fruchtbar und werdet mehr und mehr. Und achtet auf die Meere und den Himmel und alle Tiere und alles, was grün ist, denn es ist gut so." Das war der sechste Tag.

7. Zuletzt machte Gott eine große Ruhe. Auch er selber ruhte sich aus. Das war der siebte Tag. Deswegen ruhen auch die Menschen sich aus am siebten Tag.

Jochem Westhof, Die 3-Minuten Kinderbibel. Geschichten von Menschen der Bibel
© Aussaat Verlag, Neukirchen-Vluyn, S. 94 f.

Die Schöpfungsgeschichte wiedererkennen auf dem Bild:
> Die Schöpfungswerke
> Die Anordnung („wie ein Wirbel")

Die Auffälligkeiten deuten:
> Grenzen werden gesetzt, aber auch überwunden („fließende Übergänge")
> „Die Illustration zur priesterschriftlichen Schöpfungserzählung hat einen naturwissenschaftlich inspirierten Kern." (*Reinhard Höps, „Gott erschafft Himmel und Erde" in: ders. [Hg.], Sehen lernen mit der Bibel. Der Bildkommentar zu Meine Schulbibel, München 2003, S. 18*)

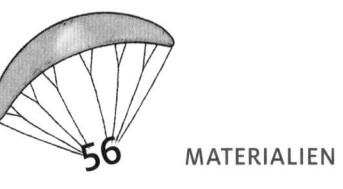

Gott öffnet die Türen der Arche

Silke Rehberg, Arche Noah

Noach und die große Flut

Die Betrachtung eines Kunstwerks (Bild, Skulptur) vollzieht sich generell in drei Phasen:
1. Was sehe ich?
2. Was muss ich wissen? Was „sagt" das Bild?
3. Was „sagt" das Bild mir?

Vorschlag zu 2.

Dazu gehören: Die Sintflut-Geschichte (1 Mose 6–8); Infos über die Absicht der Künstlerin: Betonung der Rettungstat jenseits der Sintflut.

> Gemeinsam die Sintflutgeschichte rekapitulieren; vermutlich werden genannt: die Bosheit der Menschen, Gottes Vernichtungsbeschluss, Noahs Gottgefälligkeit, der Bau der Arche, der Einzug der Tiere, die Flut, vielleicht auch der Regenbogen.

> Geschichte und Bild vergleichen. Silke Rehberg malt die Szene danach: Das Leben geht weiter; fängt neu an. Die Tiere sind „auf dem Weg nach Hause" ((*Reinhard Höps, „Noach und die große Flut" in: ders. [Hg.], Sehen lernen mit der Bibel. Der Bildkommentar zu Meine Schulbibel, München 2003, S. 30*). Ein interessantes Detail: Die Tiere gehen wiederum paarweise. Das heißt: enge Beziehungen sind ein Merkmal des neuen Lebens.

> Infos zum Bild geben: In der frühchristlichen und mittelalterlichen Kunst haben sich im Zusammenhang mit der Sintflut-Geschichte vor allem Rettungs-Bilder etabliert: die Taube mit dem Ölzweig als Zeichen des Friedens, der Regenbogen als Zeichen des Bundes, die Arche als Prototyp der Kirche, ja, selbst das Wasser der Flut: Es wird in der Taufe Heil bringend umgedeutet. In dieser Tradition steht auch Silke Rehbergs modernes Bild: Gott ermöglicht Leben.

> Gemeinsam deuten: Die Frage „Warum", die sich mit den Katastrophen der Welt stellt, und das Erschrecken über die Zerstörungswut (Gottes?) bleiben scheinbar unbeantwortet. Wer genauer hinschaut, kann auch sagen: Sie werden überwunden durch das Bekenntnis und das Vertrauen, dass Gott das Leben will und nicht den Tod.

> Gemeinsam erweitern: Der Blick in die Zukunft stellt auch die Frage nach dem Fortbestand. In der Sintflutgeschichte verspricht Gott: „Solange Ich will hinfort nicht mehr die Erde verfluchen um der Menschen willen; denn das Dichten und Trachten des menschlichen Herzens ist böse von Jugend auf. Und ich will hinfort nicht mehr schlagen alles, was da lebt, wie ich getan habe. 22 Solange die Erde steht, soll nicht aufhören Saat und Ernte, Frost und Hitze, Sommer und Winter, Tag und Nacht." (1 Mose 8,21f.) – Aber was macht der Mensch???

Gottes offene Arme

Silke Rehberg, Jakob und Josef

Vater und Sohn

Die Betrachtung eines Kunstwerks (Bild, Skulptur) vollzieht sich generell in drei Phasen:
1. Was sehe ich?
2. Was muss ich wissen? Was „sagt" das Bild?
3. Was „sagt" das Bild mir?

Vorschlag zu 2.

Dazu gehören: Die Josefsnovelle aus dem Alten Testament (1 Mose 37.39–50); denn Silke Rehberg hat dieses Bild zum Wiedersehen Josefs mit seinem Vater gemalt (1 Mose 46,29 f.); außerdem das Gleichnis Jesu vom gütigen Vater (Lukas 15,11–32): Gott selbst ist wie so ein Vater, der das heimkehrende Kind in die Arme schließt, und zwar: unabhängig davon, warum das Kind fort war.

> Erzählen zum Bild: Von Josef, den der Vater mehr liebte als die anderen Söhne. Er schenkte ihm einen bunten Mantel. Die Brüder ertrugen diese Ungerechtigkeit nicht. Sie ließen den Bruder verschwinden („verkauften ihn nach Ägypten");
> abgebildet ist die Wiedersehensszene, nachdem Josef in Ägypten „Karriere" gemacht hat: Der Vater ist alt geworden. Warm und nah ist die Szene gemalt. Der Vater gibt sich ganz hin; und der Junge ist ebenso ergriffen (Träne?).
> Der bunte Mantel des Vaters erinnert an seine „Ungerechtigkeit".
> Erweitern: Haben die Konfis an eine andere Vater-Geschichte gedacht? Der verlorene Sohn kehrt heim, er, der freiwillig und rücksichtslos gegangen ist, alles verloren hat, kleinmütig heimkehrt ... Und der Vater läuft ihm entgegen.
> Der Symbol der „Ungerechtigkeit" hat auch in dieser Geschichte eine Bedeutung: Der andere Sohn des Vaters fühlt sich zurückgesetzt. Er hat immer alles „recht" gemacht, er hat nichts verloren, er ist nie fortgegangen und mit leeren Händen heimgekehrt – aber ihm scheint: Er hat auch nie so sehr die Liebe des Vaters zu spüren bekommen.
> Ein Thema zum Weiterdenken: Muss ich erst verlieren oder verloren gehen, um Gottes Liebe zu erleben? Und wenn ich da bleibe: Kann ich es ertragen, wenn Gott die Verlorenen in seine Arme schließt?
> Ein Grundmotiv der Bibel, Altes und Neues Testament.

Gott berührt

Silke Rehberg, Elija am Horeb

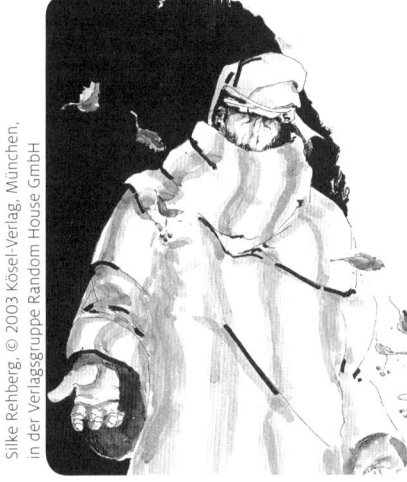

Elija am Horeb

Die Betrachtung eines Kunstwerks (Bild, Skulptur) vollzieht sich generell in drei Phasen:
1. Was sehe ich?
2. Was muss ich wissen? Was „sagt" das Bild?
3. Was „sagt" das Bild mir?

Vorschlag zu 2.
Dazu gehören: Die Geschichte von Elia am Horeb (1 Könige 19,11–13) und Rehbergs künstlerische Gestaltung mit Kontrasten: hell – dunkel; hart – sacht.

Erzählen 1: Wie müde Elia ist. Er hat gekämpft. Für seinen Gott, Jahwe, den Gott Israels. Gegen Baal, den wilden Wettergott. Er hat gewonnen. Aber jetzt weiß er: Es hat nichts genützt. Der König und die Königin erkennen seinen Sieg nicht an. Sie glauben immer noch an Baal. Und sie verfolgen ihn. Elia kommt zum Gottesberg. Er will nicht mehr. Er weiß nicht mehr, warum er gekämpft hat. Alles umsonst? Egal, wer Gott ist – Baal oder Jahwe?

Erzählen 2. Zum Beispiel poetisch.
„Hör mal, Elia", sagt Gott. „Du bist mein treuer Freund. Ich will mich dir zeigen." „Aber, Gott, bitte sei vorsichtig", sagt Elia. „Ich möchte dich furchtbar gern sehen. Aber ich fürchte, du bist mir zu groß. Ich fürchte, ich falle tot um." „Du wirst dich wundern", sagt Gott. Da setzt sich Elia auf die Spitze des Gottesberges und wartet.
Zuerst kommt ein großer, starker Wind. Er zerreißt die Berge und zerbricht die Felsen. Elia erschrickt. Trotzdem schaut er genau hin. Aber Gott kann er in dem Wind nicht erkennen.
Dann kommt ein Erdbeben. Es wühlt in der Erde und kehrt das Innerste nach außen. Elia wird gerüttelt und geschüttelt. Trotzdem passt er genau auf. Aber Gott kann er in dem Erdbeben nicht erkennen.
Als Drittes kommt ein Feuer. Donnernd und prasselnd fährt es über den Berg und verbrennt Bäume, Gräser und selbst das Wasser der Quellen. Elia vergeht fast vor Hitze. Mit Mühe hält er die Augen offen. Aber Gott kann er in dem Feuer nicht erkennen.
Zum Schluss kommt ein stilles, sanftes Sausen. Es streichelt die Haut. Es flüstert sacht in den Ohren und lässt die Blätter der Bäume wispern. Die Gräser neigen sich, als ob sie tanzen. Elia wird ruhig und froh. Er nimmt seinen Umhang und zieht ihn über sein Gesicht. Mehr muss er nicht sehen. Denn in dem sanften Sausen ist Gott. (M. Steinkühler, *Die Bibel spricht*, Göttingen 2011)

Vergleichen und deuten. Das Bild lebt von Kontrasten – hell und dunkel. Der aufrechte Prophet, die schwebenden Blütenblätter. Ist Elia Gott schon begegnet? Hat er neuen Mut geschöpft? Neues Verständnis? Das Dunkel liegt hinter ihm. Und wo ist Gott? Im Dunklen oder im Hellen? Rehberg meint: dazwischen.

Liebesbrief Gottes

Du findest im Internet einen „Liebesbrief Gottes", der ausschließlich aus Bibelversen zusammengesetzt ist. Du kannst diese Bibelverse neu kombinieren – z. B.
> Zwei, drei besonders starke Verse herausnehmen und den Zusammenhang mit eigenen Worten herstellen.
> Einen Vers kalligrafisch abschreiben und eine/n der Konfis direkt damit ansprechen.
> Ganz frei formulieren.

Hier sind einige der Verse:

Du bist nach meinem Bild geschaffen ... (1 Mose 1,27)

Ich kannte dich, noch bevor du empfangen wurdest ... (Jeremia 1,4)

Ich habe dich erwählt, als ich die Schöpfung plante ... (Epheser 1, 11)

Du warst kein Fehler... (Psalm 139,15)

Du bist wunderbar gemacht... (Psalm 139,4)

Ich habe dich im Leib deiner Mutter geformt... (Psalm 139,13)

Ich bin nicht weit weg und zornig, sondern der vollkommene Ausdruck von Liebe ... (1 Johannes 4,16)

Es ist mein Verlangen, dich mit Liebe zu überschütten ... (1. Johannes 3, 1)

Ich bin der vollkommene Vater... (Matthäus 5,48)

Jede gute Gabe, die du empfängst, kommt aus meiner Hand ... (Johannes 1,17)

Denn ich sorge für dich und begegne dir in allen Nöten ... (Matthäus 6,31)

Mein Plan für deine Zukunft ist immer Hoffnung ... (Jeremia 29,11)

Ich habe dich je und je geliebt; ich habe dich zu mir gezogen aus lauter Liebe ... (Jeremia 31,3)

Meine Gedanken über dich sind unzählbar wie der Sand am Meeresufer... (Psalm 139,17)

Ich singe vor Freude über dich ... (Zefania 3,17)

Ich werde nicht aufhören, dir Gutes zu tun ... (Jeremia 32,40)

Du bist mein wertvoller Besitz ... (2 Mose 19,5)

Wenn du ein gebrochenes Herz hast, bin ich nah bei dir ... (Psalm 34,18)

Eines Tages werde ich jede Träne von deinen Augen abwischen ... (Offenbarung 2 1,3)

Ich gab alles hin, was ich liebe, um deine Liebe zu gewinnen ... (Römer 8,32)

Nichts kann dich jemals wieder von meiner Liebe trennen ... (Römer 8,39)

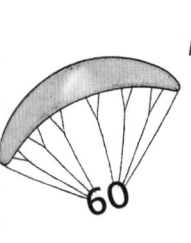

Psalmworte

Auf, mein Herz, preise den HERRN
und vergiss nie, was er für mich getan hat!

Meine ganze Schuld hat er mir vergeben,
von aller Krankheit hat er mich geheilt,
dem Grab hat er mich entrissen,
hat mich mit Güte und Erbarmen überschüttet.

Mit guten Gaben erhält er mein Leben,
täglich erneuert er meine Kraft
und ich bleibe jung und stark wie ein Adler.

Der HERR ist voll Liebe und Erbarmen,
voll Geduld und unendlicher Güte.

So unermesslich groß wie der Himmel
ist seine Güte zu denen, die ihn ehren.
So fern der Osten vom Westen liegt,
so weit entfernt er die Schuld von uns.

Wie ein Vater mit seinen Kindern Erbarmen hat,
so hat der HERR Erbarmen mit denen, die ihn ehren.

Aus Psalm 103 (Gute Nachricht Bibel)

Psalmworte

HERR, mein Gott, wie groß du bist!
In Hoheit und Pracht bist du gekleidet,
ein Licht gehüllt wie in einen Mantel.

Den Himmel spannst du aus wie ein Zeltdach.
Du hast die Erde auf Pfeilern erbaut,
nun steht sie fest und stürzt nicht zusammen.

HERR, was für Wunder hast du vollbracht!
Alles hast du weise geordnet;
die Erde ist voll von deinen Geschöpfen.

Alle deine Geschöpfe warten darauf,
dass du ihnen Nahrung gibst zur rechten Zeit.
Sie nehmen, was du ihnen ausstreust.

Wenn du den Lebenshauch zurücknimmst,
kommen sie um und werden zu Staub.
Schickst du aufs Neue deinen Atem,
so entsteht wieder Leben.

Auf, mein Herz, preise den HERRN!
Preist alle den HERRN – Halleluja!

Aus Psalm 104 (Gute Nachricht Bibel)

Anleitung für ein Gespräch zum Thema „Schöpfung"

Wenn die Konfis sagen …

> Die Erde ist eine Kugel
> Die Erde dreht sich um die Sonne
> Das Universum ist unendlich
> Das Leben begann mit dem Urknall
> Die Arten haben sich nach den Regeln der Evolution entwickelt

– so entspricht das dem heutigen Stand der Wissenschaft bzw. dem, was populärwissenschaftlich dargestellt wird.

Wenn in der Antike Menschen sagten …

> Die Erde ist eine Scheibe
> Der Himmel ist eine Kuppel
> Sonne, Mond und Sterne sind an die Kuppel geheftet
> Die Erde ist der Mittelpunkt der Welt
> Oben ist der Götterhimmel / Himmel Gottes, darunter die Menschenwelt und wiederum darunter das Land der Toten

– so entsprach das dem damaligen Stand der Weltbetrachtung und Welterkenntnis.

Es ist nicht auszuschließen, dass Menschen der Zukunft noch einmal andere Aussagen machen werden. Weltbilder und Weltverständnisse ändern sich je nach dem aktuellen Wissensstand.

Als naturwissenschaftliche Lehre über die Weltentstehung sind die beiden Texte vom Anfang der Welt zu Beginn der Bibel veraltet und überholt. Aber: Die Autoren der Bibel verwenden zwar den Kenntnisstand ihrer Zeit – aber sie schreiben gar keine naturwissenschaftliche Lehre.

Die Autoren der Bibel schreiben ein Bekenntnis. Sie deuten die Welt. Sie deuten sie als **Schöpfung**. Sie behaupten: Wie auch immer diese Welt entstanden ist – sie ist nach dem Willen Gottes entstanden und sie ist in Gottes Hand.

Woher sie das wissen? Wissen können sie das genauso wenig, wie irgendjemand wissen kann, dass es nicht so ist. Sie **glauben** es, so wie auch heute Menschen das glauben. Sie glauben es vielleicht, weil vieles in der Natur sie zum Staunen bringt. Und weil sie sich dann sagen: „Das kann doch kein Zufall sein! Das ist doch eine gute Gabe."

Sie denken an Sonnenuntergänge über dem Meer, an das Neugeborene im Arm der Mutter, an die Zugvögel, die im Frühjahr aus dem Süden zurückkehren, an die Perle in der Muschel – oder einfach nur an die Formen und Farben der Muscheln. Sie denken an die Jahreszeiten, an Tag und Nacht, Wärme und Kälte, Leben und Tod …

Glauben ist nichts Beweisbares. Glauben steht nicht in Konkurrenz zur Naturwissenschaft. Glauben ist eine Haltung, eine Lebenseinstellung. Glauben an Gott heißt: Ich fühle mich gewollt, bewahrt und gehalten. Solchen Glauben erzählen – auf der Grundlage des Weltbilds von damals – die biblischen Schöpfungsgeschichten. Wir können diesen Glauben heute neu erzählen – auch mit Urknall und Evolution.

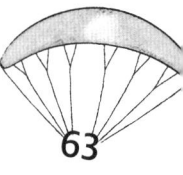

Gebete

Herr, mein Gott, du bist sehr herrlich!
Ich will dich loben, so lange ich lebe!

Gott, mein Vater,
hast du mich verlassen?
Ich bitte dich:
Schau mich wieder freundlich an.
Denn nur unter deiner Gnade
Kann ich leben. Amen.

Lieber Gott,
heute bin ich fröhlich!
Es war ein schöner Tag. Ich danke dir dafür.
Mach, dass ich auch,
wenn es nicht so gut läuft,
dankbar sein kann,
voller Hoffnung. Amen.

Wie fröhlich bin ich aufgewacht.
Wie hab ich geschlafen so sanft die Nacht.
Hab Dank im Himmel, du Vater mein,
dass du hast wollen bei mir sein.
Behüte mich auch diesen Tag,
dass mir kein Leid geschehen mag. Amen.

Herr, deine Liebe ist wie Gras und Ufer,
wie Wind und Weite und wie ein Zuhaus …

So nimm denn meine Hände
Und führe mich
Bis an mein selig' Ende
Und ewiglich.
Ich mag allein nicht gehen,
nicht einen Schritt.
Wo du wirst gehen und stehen,
da nimm mich mit. Amen.

Julie Hausmann, EG 376

Herr, ich habe keinen Menschen.
Herr, ich bin ganz allein.
Verlassen, von allen verlassen.
Oh Gott: auch von dir …?

Oh Gott, ich bin verloren!
Ich habe jemanden verloren,
jemanden, der mir sehr wichtig war.
Ich weiß nicht, wie ich leben soll
mit diesem Verlust.
Gott, bring ihn / sie mir wieder!
Erbarme dich.
Und wenn es nicht sein kann,
erbarme dich auch:
Zeige mir einen Weg.
Und tröste mich. Amen.

Ich danke dir, mein himmlischer Vater,
durch Jesus Christus, deinen lieben Sohn,
daß du mich diesen Tag gnädiglich behütet hast,
und bitte dich,
du wollest mir vergeben alle meine Sünde,
wo ich Unrecht getan habe,
und mich diese Nacht auch gnädiglich behüten.
Denn ich befehle mich,
meinen Leib und Seele und alles
in deine Hände.
Dein heiliger Engel sei mit mir,
daß der böse Feind keine Macht an mir finde.

Martin Luthers Abendsegen

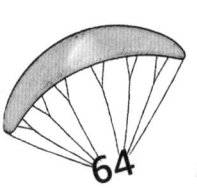

MATERIALIEN

E-Mail an Gott

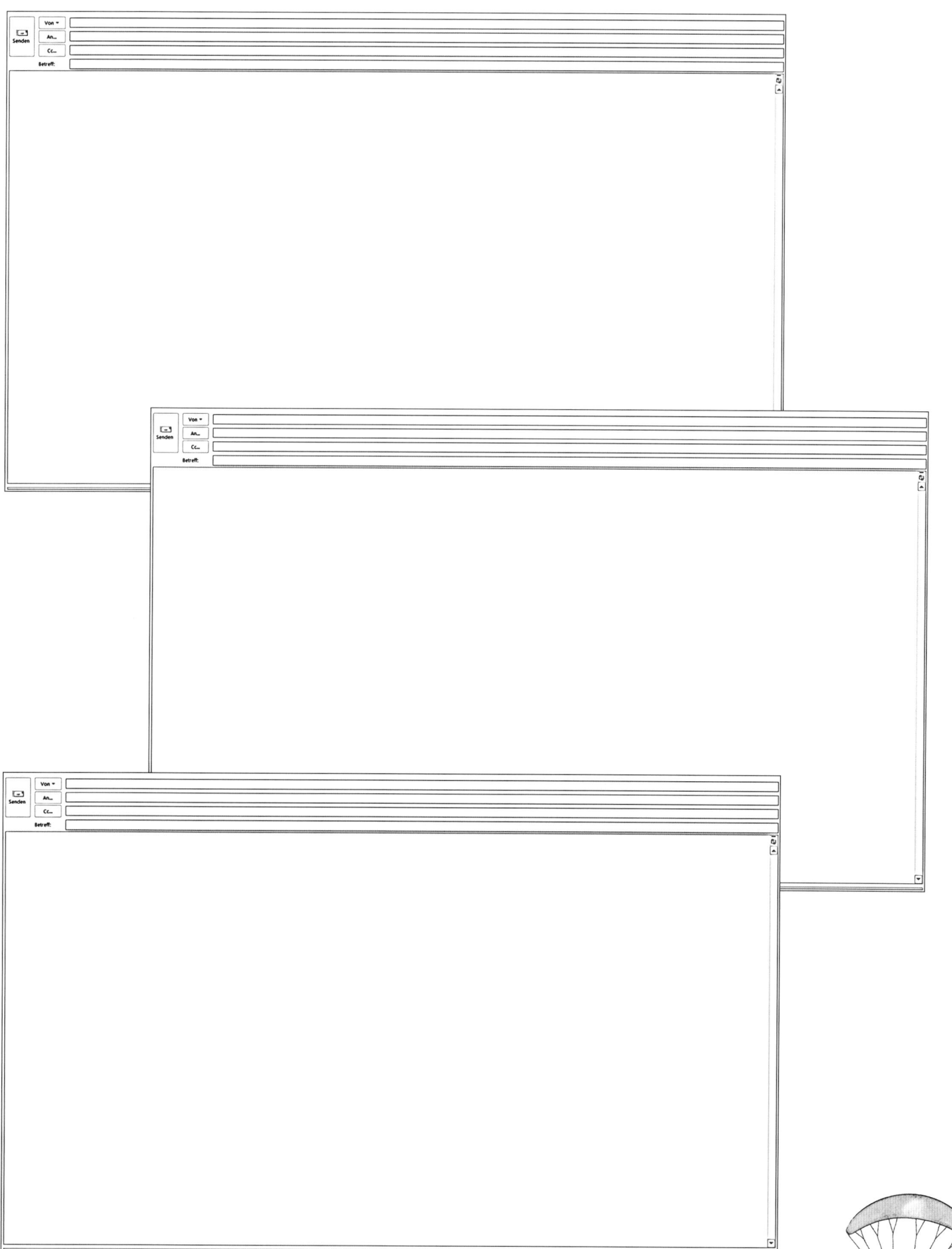

Die Perlen des Glaubens

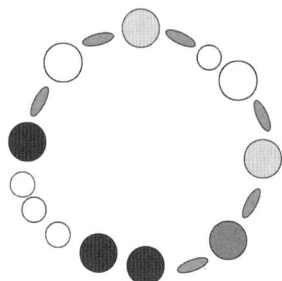

Die Idee ist einfach und hat es doch in sich: Achtzehn Perlen in der Hand. Jede einzelne hat ihre eigene Bedeutung. Sie steht für eine Lebensfrage, einen Gedanken, ein Gebet. Zu einem Perlenband zusammengefügt, können die Perlen ein Sinnbild des Lebensweges sein. Sie machen den Glauben begreifbar und regen dazu an, christliche Tradition neu zu entdecken und zu verstehen. Sie sind ein Katechismus (Glaubensunterricht) für die Hände, ein einfaches Hilfsmittel, den eigenen spirituellen Weg zu finden und einzuüben. Die Perlen helfen, den Alltag für einen Moment zu unterbrechen und zu sich selbst zu kommen, zu anderen Menschen, zu Gott.

Eigentlich wollte der schwedische Bischof Martin Lönnebo ein Buch über den christlichen Glauben schreiben. Doch als er griechische Fischer mit ihren Perlenketten beobachtete, kam er auf die Idee mit dem Perlenband. Die Resonanz darauf war überraschend groß. Für viele Christinnen und Christen in Skandinavien gehören die Perlen des Glaubens inzwischen zum täglichen Leben.

„Das Himmelreich gleicht einem Kaufmann, der gute Perlen suchte, und als er eine kostbare Perle fand, ging er hin und verkaufte alles, was er hatte, und kaufte sie." (Matthäus 13,45+46)

Handelsinformation, www.kirchenshop-online.de/themenbereiche/perlen-des-glaubens/perlen-des-glaubens-holz-gross.html

WAS MAN DAMIT TUN KANN …

Ich lasse die Perlen durch meine Hand gleiten. An einer bleibe ich hängen. Ich erkenne: Es ist die große goldene, die Gottesperle. Ich halte sie fest. „Gott", denke ich, „Gott". Die Perle erwärmt sich in meiner Hand. Und meine Gedanken suchen – suchen nach Gott. Wer bist du, Gott? Wer bist du heute für mich? – Ich merke: Ich denke nicht nur. Ich halte Zwiesprache mit Gott. Ich frage Gott und lausche auf Antworten. Was ist es, was ich tue? Meditieren? Mehr als das. Beten.

Das Beispiel zeigt die Verbindung von Begreifen und Beten. Das kann unterschiedlich gestaltet werden bzw. sich ereignen. In der eigenen Stillen Zeit, aber auch in der Gemeinschaft. Dann nehmen die Teilnehmenden dieselbe Perle in die Hand und eine/r spricht dazu einige Gedanken und ein (vorbereitetes) Gebet.

Zu einer der Perlen Gedanken und Gebet zu schreiben, die in der Gruppe gesprochen werden sollen, erfordert, sich zugleich auf die Zielgruppe einzustellen: Ich kann Gebete für Kinder, Jugendliche, Senioren – und auch meine Mit-Konfis formulieren. Und immer hilft mir die Perle.

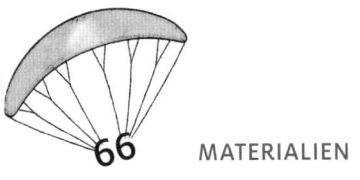

EINIGE GEDANKEN ZU DEN EINZELNEN PERLEN …

Gottesperle: Gott, wer bist du (heute / für mich)?

Perle der Stille: Sie kehren immer wieder – machen mir Mut, innezuhalten, still zu werden, damit ich hören kann – worauf?

Ich-Perle: Ich – wer bin ich (für mich, für Gott, für meine Mitmenschen)? Wer möchte ich sein? Und: Was steht dem im Weg?

Taufperle: Getauft sein. Wasser des Lebens. Mein Name. Segen. – Was ist meine Taufe (heute, für mich?)

Wüstenperle: Bin ich ein Wanderer in der Wüste? Was treibt mich voran? Wo finde ich Wasser? Ich brauche Geduld, Geduld, um Durststrecken zu überstehen.

Perle der Gelassenheit: Etwas, das mir sehr oft fehlt. Was ist Gelassenheit? Kann ich das üben? Jetzt und hier, mit dieser Perle? Vielleicht mit dem Blick auf das Kreuz?

Perlen der Liebe: „Liebe ist stärker als der Tod". Steht in der Bibel. Ich denke an die ganz große Liebe. Die Liebe meines Lebens – wird es die geben? An meine Lieben, an meine Freunde? Und was ist das, was ich für die Menschen empfinde, die ich nicht kenne? Die mich nerven? Die etwas von mir wollen. Was meint Jesus, wenn er sagt, ich soll sie lieben?

Geheimnisperlen: Glauben hat mit Vertrauen zu tun. Und mit Zweifeln. Mein Verstand, meine Logik – die reichen nicht aus. Glauben heißt: Ich ahne, dass da mehr ist. Gott. Geist. Liebe. Ich versteh's nicht. Ich versteh's einfach nicht. Geheimnis.

Perle der Nacht: Schwarz. Finster. Bedrohlich. Oder auch beruhigend. Ein Sternenhimmel. Verheißung. Und dann noch eines: Solange die Erde besteht, wird nicht aufhören Tag und Nacht … (1 Mose 8,22). Warten auf den Morgen. Nach der Nacht.

Perle der Auferstehung: Ein Morgen nach der Nacht. Und Auferstehung nach dem Tod. Kann ich das denken? Ist das eine Hoffnung für mich? Ein Trost in der Trauer? Jesus spricht: „Siehe, ich lebe, und ihr sollt auch leben." (Joh 14,19)

Wie David den 23. Psalm „erfand"

HINFÜHRUNG

Reist mit mir in ein fernes Land, in ein heißeres Land, ein Land mit wenigen Dörfern und Städten. Viel Einsamkeit gibt es da, Wildnis: Wiesen und Wüsten, Berge, Hügel und Täler. Wasser ist kostbar in dem Land, man findet es nicht überall, nicht immer. Auch wenn man weiß, wo die Quellen entspringen. Große Herden gibt es in dem Land, Schafe und Ziegen. Sie sind der Reichtum der Menschen. Die Herden ziehen umher, auf der Suche nach Wasser, nach Weide, nach Leben. Sie finden es nicht allein. Sie brauchen einen guten Hirten. Ein guter Hirte weiß, wo die Quellen entspringen, er kennt jeden kleinen Bach, jedes Wasserloch, jeden Flusslauf. Ein guter Hirte kennt Weiden – und wenn sie nicht grün sind, dann weiß er, wo er andere suchen muss. Ein guter Hirte kennt auch seine Tiere: jedes einzelne. Und achtet darauf, wie es ihm geht.

David ist so ein Hirte, David, ein Junge, vielleicht noch ein wenig jünger als ihr. Er ist der jüngste von sieben Söhnen. Sein Vater besitzt eine große Herde. Und er, David, der Jüngste, ist dazu bestimmt, ihr Hirte zu sein. (Die großen Brüder werden Krieger.)

TEIL 1

Eines Nachmittags sitzt David an einem kleinen Wasser. Er hat es rechtzeitig entdeckt, bevor der Durst seiner Schafe zu groß wurde. Ringsum ist grüne Weide. Die Herde hat sich auseinander gezogen. Fröhlich grasen sie, durstig trinken sie, träge dösen sie. Eine zufriedene Müdigkeit kriecht in Davids Glieder. Er lehnt sich zurück. Die Sandalen hat er abgestreift. Die bloßen Füße ragen ins Wasser. Die Hände fühlen die warme Erde. Es duftet nach frischem Grün. „Geschafft", sagt David, „ich habe es wieder geschafft!"

David hat noch kein einziges Schaf verloren, solange er Hirt ist. Sein Trick: Er kennt sie alle beim Namen. Und auch die Schafe kennen ihre Namen. Wenn David sie ruft, kommen sie. Meistens. Oder er geht sie suchen. „Ich bin ein guter Hirte!", sagt David voll Übermut zu sich selbst. „Ich bin ein richtig guter Hirte!" Und weil gerade alles so schön ist, zieht er seine kleine Harfe hervor und singt das Lied vom guten Hirten:

Ich bin ein guter Hirte. Es fehlt meinen Schafen an nichts. Ich weide sie auf grüner Aue und führe sie zum frischen Wasser. Ich achte darauf, dass sie Ruhe finden. Ich führe sie auf sicheren Wegen. Und wenn einmal Gefahr droht – Wölfe, Adler, Bären: Dann stehe ich vor meinen Schafen mit meinem Stock und meiner Schleuder! Nicht eines will ich verlieren! Ich bin ein guter Hirte!

TEIL 2

Eines Abends sitzt David am Feuer. Er zieht die Schultern hoch. Diese Nacht – er spürt es – diese Nacht ist nicht geheuer. Etwas liegt in der Luft, etwas Böses. Gefahr. Und da: Da hört er die Wölfe heulen. Sie haben die Herde gerochen. Sie haben Beute gewittert. Es sind viele. Sie kommen von allen Seiten, in einem weiten Kreis. Und sie ziehen ihn enger, immer enger, den Kreis. David ist hellwach. Es kommt auf ihn an. Er nimmt eine Fackel und entzündet sie hell. Er geht zu seinen Schafen. Er ruft jedes

beim Namen. „Bleibt beieinander, bleibt bloß beieinander! Dass ihr euch ja nicht zerstreut. Ich bin der gute Hirte. Ich gebe Acht." David hat seinen Stab in der Rechten. Die Linke hält die Fackel. So umkreist er seine Herde. Der Kreis der Wölfe – stockt. Ist es das Feuer? Der Stab? Ist es Davids Stimme? Ist es eine andere Macht …? Einer nach dem anderen geben die Wölfe auf. Sie hören auf zu heulen. Sie ziehen sich langsam zurück.

David kehrt zurück auf seinen Platz am Feuer. Auf einmal ist er ungeheuer müde. „Geschafft", sagt er, „ich habe es geschafft." Aber die Schatten verfolgen ihn. Er kann sich nicht zufrieden geben. „Das war knapp", flüstert seine innere Stimme ihm zu. Und dann kommt ein neuer, unbewohnter Gedanke. Die Dunkelheit der Nacht gibt ihn ein. „Das kann auch mal schief gehen mit den Wölfen."

Einmal gedacht, breitet der Gedanke sich aus. „Das kann auch mal schief gehen mit den Adlern und Bären. Das kann auch mal schief gehen mit der Weide, dem Wasser." Und schließlich: „Ich kann auch mal eines verlieren." Und ich selbst?, denkt David schließlich. „Ich kann auch mal stürzen. Und sterben." Und weil alles gerade so beängstigend still ist, nimmt David seine Harfe und singt gegen die Angst: eine anderes Lied vom guten Hirten:

Wer ist mein guter Hirte? Wer hilft mir meine Schafe weiden? Wer führt mich und sie zur Weide und zum frischen Wasser? Wer achtet darauf, dass sie und ich Ruhe finden? Wer führt mich und sie auf sicheren Wegen? Und wer, ja, wer rettet wirklich aus Gefahren? Wenn es hart auf hart kommt? Ich steh vor meinen Schafen. Aber wer, wer, Gott, steht vor mir?

TEIL 3

Auch die längste Nacht hat ein Ende. So ist es, seit Gott der Herr der Erde sein Versprechen gab: „Solange die Erde steht, wird nicht aufhören Saat und Ernte, Frost und Hitze, Sommer und Winter, Tag und Nacht." Und so schlägt David am Morgen die Augen auf. Am Feuer ist er eingeschlafen, die Harfe im Arm. Das Feuer ist heruntergebrannt zu Asche. Er hat es nicht mehr gemerkt. „Meine Schafe!" Hastig springt David auf die Füße. „Was ist mit meinen Schafen?" Er schaut sich um und Erleichterung macht sich breit. Die Schafe, sie sind alle noch da. Er ruft sie, ruft sie beim Namen. Eines nach dem anderen antwortet. Er sieht: Das Gras ist noch nicht abgeweidet. Sie können eine Weile bleiben. David trinkt. Er backt einen Fladen in der Asche des Feuers. „Das ist wieder gutgegangen", denkt er. „Ich bin nicht allein gewesen." Und er nimmt seine Harfe und singt voller Dankbarkeit ein neues Lied vom guten Hirten:

Mein Hirte ist Gott der Herr …

Der Herr ist mein Hirte, mir wird nichts mangeln … (Psalm 23 lesen)

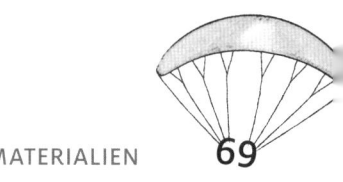

Das Apostolische Glaubensbekenntnis

M4.5

Bausteine für einen Vortrag von Pfarrer/in,
Team oder anderer Gemeindeglieder

> … ist die Vereinbarung darüber, was im christlichen Glauben verbindlich gilt. Entstanden ist es aus Taufformeln der frühen Kirche. Wer getauft wurde, wurde auf den gemeinsamen, einen und klar bestimmten Glauben der Kirche getauft, die sich auf die ersten Lehrer des Glaubens, die Apostel, beruft. Heute wird das Glaubensbekenntnis in fast jedem Gottesdienst von der ganzen Gemeinde gebetet.
> „Manche Sachen glaube ich nicht" – so lautet der Titel eines Bandes des „Jahrbuchs für Kindertheologie", in dem Kinder (jünger als ihr) mit ihren Lehrern (oder Interviewern) die einzelnen Sätze des Glaubensbekenntnisses besprechen. „Manche Sachen glaube ich nicht" – das hängt davon ab, ob wir am Buchstaben „kleben" bleiben, oder nach dem Sinn fragen, der hinter den Worten steckt. Wenn wir das tun, kommen wir weiter.
> Das apostolische Glaubensbekenntnis hat drei Teile. Christen haben den einen einzigen Gott in dreifacher Weise kennengelernt: als Schöpfer und Vater, als Sohn und Erlöser, als Geist, der sie zum Glauben beflügelt.

Der erste Artikel

Ich glaube an **Gott, den Schöpfer** – für uns heißt das nicht, dass wir wortwörtlich glauben, dass Gott die Erde in sieben Tagen geschaffen hat. Oder dass er den Menschen aus Lehm von der Erde geformt hat. Sondern: Wir glauben, dass er das Leben ist und dass es ohne ihn kein Leben gibt. Wir glauben, dass er das Leben hält und bewahrt. Wir glauben, dass er sich Mühe mit seinen Geschöpfen gibt und dass er jeden Einzelnen von uns kennt und liebt. Von Gottes Liebe können wir leben.

Ich glaube an **Gott, den Allmächtigen** – für uns heißt das nicht, dass wir denken: Gott wird's schon richten. Sondern wir glauben, dass, solange es Leben gibt (also Gott) alles möglich ist! Egal, wie schlimm die Lage ist – wir müssen nie verzweifeln und aufgeben.

Gottes Allmacht ist die Macht der Liebe. Die Liebe kann glücklich machen, Grenzen überwinden, Wunder vollbringen. Die Liebe kann aber auch sehr, sehr schwach und verletzlich sein. Niemand kann gezwungen werden, zurückzulieben. Das tut weh. Das hat auch Gott erlebt, zuletzt in Jesus am Kreuz.

Ich glaube an **Gott, den Vater** – Vater ist ein Bild für Gott, eines von vielen. Gott ist immer größer als jedes Bild. Und auch besser. Wir denken, wenn manche Väter ihre Kinder schlagen oder immer betrunken sind oder wenn sie ihren Kindern Gewalt antun – oder wenn sie sie einfach nicht genügend lieben: So ein Vater ist Gott nicht. Aber wir können uns Gott anvertrauen, als wäre er uns ganz nah und vertraut und als hätte er uns mehr lieb als sich selbst. Wie ein vollkommener Vater, eine vollkommene Mutter. Das ist unser Trost.

Der zweite Artikel

Ich glaube an **Jesus Christus, seinen eingeborenen Sohn** – für uns ist auch das ein Bild: Jesus war wie Gott-bei-den-Menschen. So wie Jesus von Gott erzählte, so ist Gott. So wie Jesus handelte, die Menschen behandelte, so handelt Gott. Weil Gott

MATERIALIEN

aber immer noch mehr ist als das Gegenüber der Menschen, darum passt es ganz gut zu sagen: Jesus ist Gottes Sohn. Markus erzählt: In der Taufe hat Gott Jesus als seinen Sohn anerkannt (sozusagen adoptiert): Mk 1,11.

... unsern Herrn – uns erinnert das daran, dass Jesus in seinem Erdenleben *gedient* hat: den Armen und Kranken, denen, die ihn brauchten. Und Gott, indem er den Menschen von Gott erzählte, auch Sachen, die sie nicht hören wollten. Bei allem, was er tat, schien aber auch seine Macht durch, mehr Macht, als ein Diener hat: über böse Geister und Krankheiten, über falsche Mächte und über seinen „eigenen Schweinehund". So einem können wir vertrauen und ihm folgen, auf ihn wollen wir hören, er kann uns retten. Ja, wir können gut sagen: Er ist mein Herr.

... empfangen durch den Heiligen Geist – wir denken, das haben sich die Menschen, die Jesus begegnet sind, und später auch die Christen so überlegt: Jesus ist so gut gewesen, so nahe bei Gott, so heilig – da muss doch von Anfang an Gottes Geist bei ihm gewesen sein. Jesus ist ein Geschenk Gottes – so können wir das sagen.

... geboren von der Jungfrau Maria – für uns geht es da nicht um die Frage, ob Maria schon mit einem Mann geschlafen hat oder nicht. Es geht darum: Maria ist jung, sie ist menschlich und verletzlich. Sie bekommt ein Kind – ganz normal! Jesus wird als Menschenkind geboren – menschlich und verletzlich. (Er ist also nicht ein Gott, der seine Macht nur verbirgt und ein bisschen „Mensch spielt", sondern wirklich und wahrhaft so menschlich wie du und ich.

... gelitten unter Pontius Pilatus – das erinnert uns daran, dass die Herrscher der damaligen Zeit, die politischen wie die religiösen, mit Jesus nicht klargekommen sind. Wir denken, er muss ihnen wohl unheimlich gewesen sein mit seiner Freundlichkeit und seiner Nähe zu Gott! Sie haben es an ihm ausgelassen! Er war ein politischer Gefangener, ein Revolutionär, ein Protestierer. Das gehört zu Jesus unbedingt dazu.

... gekreuzigt, gestorben und begraben – richtig, richtig tot ist er gewesen, das ist wichtig für unseren Glauben. Seine Liebe zu den Menschen war todernst. Und er weiß – Gott weiß seitdem, wie das ist, gequält zu werden und zu sterben, verlassen, verspottet, verhöhnt zu werden. Weiß er alles.

... am dritten Tage auferstanden von den Toten – die einen sagen, das Grab war leer; die anderen sagen, sie haben ihn gesehen, gehört, angefasst: Sie bezeugen, dass die Auferstehung nicht nur eine Idee war, ein Weiterleben von Worten und Gedanken, sondern ein Wunder. Wir wissen nicht – ja, irgendwie glauben wir das auch – wenn wir Jesus spüren kann, tief in uns. Aber was damals war, das weiß nur Gott.

... aufgefahren in den Himmel; er sitzt zur Rechten Gottes – für uns geht es da nicht um den Ort, wo die Flugzeuge fliegen. Oder die Astronauten! Wir glauben, dass Gott überall sein kann. Und Jesus auch. Seit Jesus nicht mehr als Mensch auf der Erde umherwandert, ist er für alle da, genau wie Gott.

Von dort wird er kommen zu richten die Lebenden und die Toten – wir wissen, dass gerade Menschen, denen Unrecht geschieht, das brauchen: Die feste Hoffnung, dass das Böse und Schlimme nicht das letzte Wort hat. Sondern dass das Gute bei Gott Recht bekommt. Wir können uns das nicht richtig vorstellen – also jedenfalls nicht wie ein Gericht mit Verhör und Scharfrichter – aber dass das Gute sich am Ende durchsetzt: Das glauben wir fest!

MATERIALIEN

Der dritte Artikel

Ich glaube an den Heiligen Geist – wir glauben, das ist der Unterschied zwischen einem Menschen, der glaubt, und einem Menschen, der nicht glaubt: Der Mensch, der nicht glaubt, denkt, er ist allein auf der Welt und allein verantwortlich. Er muss selbst denken, selbst handeln, selbst sein Glück machen. Der Mensch, der glaubt, denkt und handelt und sucht genauso nach Glück. Aber er spürt, dass er Hilfe hat: Gedanken, die ihm einfallen, Begegnungen, die ihn überraschen, Glück, das ihm geschenkt wird. Das alles kommt vom Heiligen Geist, unserer Verbindung zum Leben, zu Gott.

... die heilige christliche Kirche, Gemeinschaft der Heiligen – für uns geht es da nicht um die Institution Kirche und ihre Würdenträger und Vertreter. Die sind Menschen und haben im Lauf der Geschichte alle Fehler gemacht, die man nur machen kann – und machen sie noch. Aber dass Menschen die Bibel und den Glauben und die Erinnerungen an Erfahrungen mit Gott und Jesus Christus in Ehren halten und zur Geltung bringen und gemeinsam versuchen, so zu leben, wie es dem Schöpfer und Vater gefällt, das ist uns viel Wert. Und dass da der Heilige Geist wirken kann, das glauben wir auf jeden Fall.

... Vergebung der Sünden – Sünde – alles das, was uns von Gott und den Menschen trennt, – das kann uns das Leben schwer und düster machen. Wir glauben, dass wir dann befreit werden können, dass dann einer zu uns sagt: *Gib nicht auf! Fang neu an! Erinnere dich: Du lebst von der Liebe.* Wir glauben das, weil wir Jesus am Kreuz hängen sehen. Und weil wir wissen: Er stirbt und lebt für die Liebe.

... Auferstehung der Toten – für uns geht es hier nicht darum, dass die Leichen sich aus den Gräbern erheben. Für uns geht es aber auch nicht nur um die Erinnerung, so nach dem Motto: Solange jemand an dich denkt, bist du nicht wirklich tot. Auferstehung ist mehr. Vielleicht so, wie schon kleine Kinder es glauben: Die Oma liegt im Grab – aber zugleich ist sie bei Gott. Und wir sehen uns wieder.

... und das ewige Leben – das ist sozusagen die Quintessenz: Der Tod ist nicht das Ende. Das Leben siegt. Gott ist der Herr der Lebenden und der Toten. Das macht gar keinen Unterschied. Und Jesus hat den Tod überlebt. Wir glauben: Das werden wir auch. Amen.

Protokoll mehrerer Seminarsitzungen mit Theologiestudierenden an der Goethe-Uni Frankfurt, zusammengestellt von Martina Steinkühler

Erfahrung und Bekenntnis

Übung mit Psalm 139

> 1 HERR, du durchschaust mich,
> du kennst mich bis auf den Grund.
> Ob ich sitze oder stehe, du weißt es,
> du kennst meine Pläne von ferne.
> Ob ich tätig bin oder ausruhe, du siehst mich;
> jeder Schritt, den ich mache, ist dir bekannt.

> 2 Von allen Seiten umgibst du mich,
> ich bin ganz in deiner Hand.
> Dass du mich so durch und durch kennst,
> das übersteigt meinen Verstand;
> es ist mir zu hoch, ich kann es nicht fassen.

> 3 Wohin kann ich gehen, um dir zu entrinnen,
> wohin fliehen, damit du mich nicht siehst?
> Steige ich hinauf in den Himmel – du bist da.
> Verstecke ich mich in der Totenwelt – dort bist du auch.
> Fliege ich dorthin, wo die Sonne aufgeht,
> oder zum Ende des Meeres, wo sie versinkt:
> auch dort wird deine Hand nach mir greifen,
> auch dort lässt du mich nicht los.

> 4 Wie rätselhaft sind mir deine Gedanken, Gott,
> und wie unermesslich ist ihre Fülle!
> Sie sind zahlreicher als der Sand am Meer.
> Nächtelang denke ich über dich nach und
> komme an kein Ende.

Aufgabe

Suche dir einen der vier Ausschnitte aus Psalm 139 aus. Lies die Verse und überlege: Was für eine Erfahrung hat der Beter / die Beterin gemacht? Was hat sie / er wohl erlebt, dass er / sie danach so ein Gebet spricht? Schreibe seine/ihre Geschichte (ausgedacht; so, wie sie dir einleuchtend erscheint).

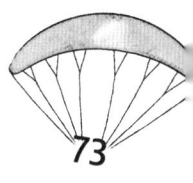

MATERIALIEN

Jesus – Stationen[1]

1 Taufe / Berufung

1. Da steht er: Sieh mich an, Gott: Hier bin ich.
2. Er breitet die Arme aus: Ich bin bereit, um zu empfangen.
3. Er spürt in sich eine große Kraft. Gott ist bei ihm.

2 Jüngerberufungen

1. Da ist er bei seiner Arbeit.
2. Da schaut Jesus ihn an.
3. Da will er mit ihm gehen.

3 Heilungen

1. Da begegnet Jesus einem Menschen. Er berührt ihn.
2. Da kann er sich aufrichten.

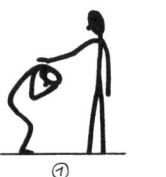 

4 Reden

1. Da hocken sie und knien. Sie hören gebannt zu.
2. Da steht Jesus und spricht zu ihnen.
3. Die Arme sind geöffnet. Was er sagt, kommt nicht allein aus ihm.

5 Begegnungen

1. Da stehen sie und wenden sich ab:
   a) „Wer sich mit so einem abgibt, ist auch nichts wert."
   b) „Wichtig ist, mit den Starken gut Freund zu sein."
   c) „Das ist ja peinlich."
   d) „Mit dem will ich nichts zu tun haben."
2. Jesus geht auf ihn zu.

---

[1] Aus: Petra Schulz / Luise Stockmann, Jesus – Stationen für Kinder, Göttingen 2008.

M5.1

6 Gegner

1. Da stehen sie und stecken die Köpfe zusammen.
2. Da gehen sie auseinander. Sie machen sich heimlich Zeichen:
3. Dem werden wir es zeigen. Wartet's nur ab.

7 Einzug in Jerusalem

1. „Hoffentlich kommt er bald."
2. „Ja, ich sehe ihn schon."
3. „Alles soll vorbereitet sein, wenn er eintrifft."
4. „Endlich, er ist da."

8 Das letzte Abendmahl

1. Da sitzen sie zusammen – bei Brot und Wein.
2. Da spüren sie: Wir gehören zusammen.

9 Getsemane

1. Noch sind seine Gefährten bei ihm.
2. Dann steht er ganz allein.
3. Die Angst drückt ihn nieder.

10 Verhaftung

1. Da schlagen die Soldaten Jesus.
2. Da nehmen sie ihn gefangen.

11 Verleugnung

1. Da stehen sie Jesus zur Seite.
2. Da laufen sie weg – aus Angst.
3. Da sagen sie: Wir kennen Jesus nicht.

MATERIALIEN

12 Kreuzigung

1. Jesus stirbt am Kreuz.
   a) „Das geschieht ihm recht."
   b) „Hoffentlich merken sie nicht, dass ich immer bei ihm war."
   c) „Es hat alles keinen Sinn mehr."

13 Die Botschaft von der Auferstehung

1. Sieh den Jünger / die Jüngerin: Verzweifelt und traurig geht er / sie weg.
2. Er / sie erinnert sich und spürt: Jesus ist da. Das macht neuen Mut.

14 Der Heilige Geist

1. Sie sind mutlos. Jeder für sich allein.
2. Sie teilen Brot und Wein – wie damals mit Jesus.
3. Sie gehören zusammen. Sie richten sich auf.

Meinungen zu „Jesus"

M5.2

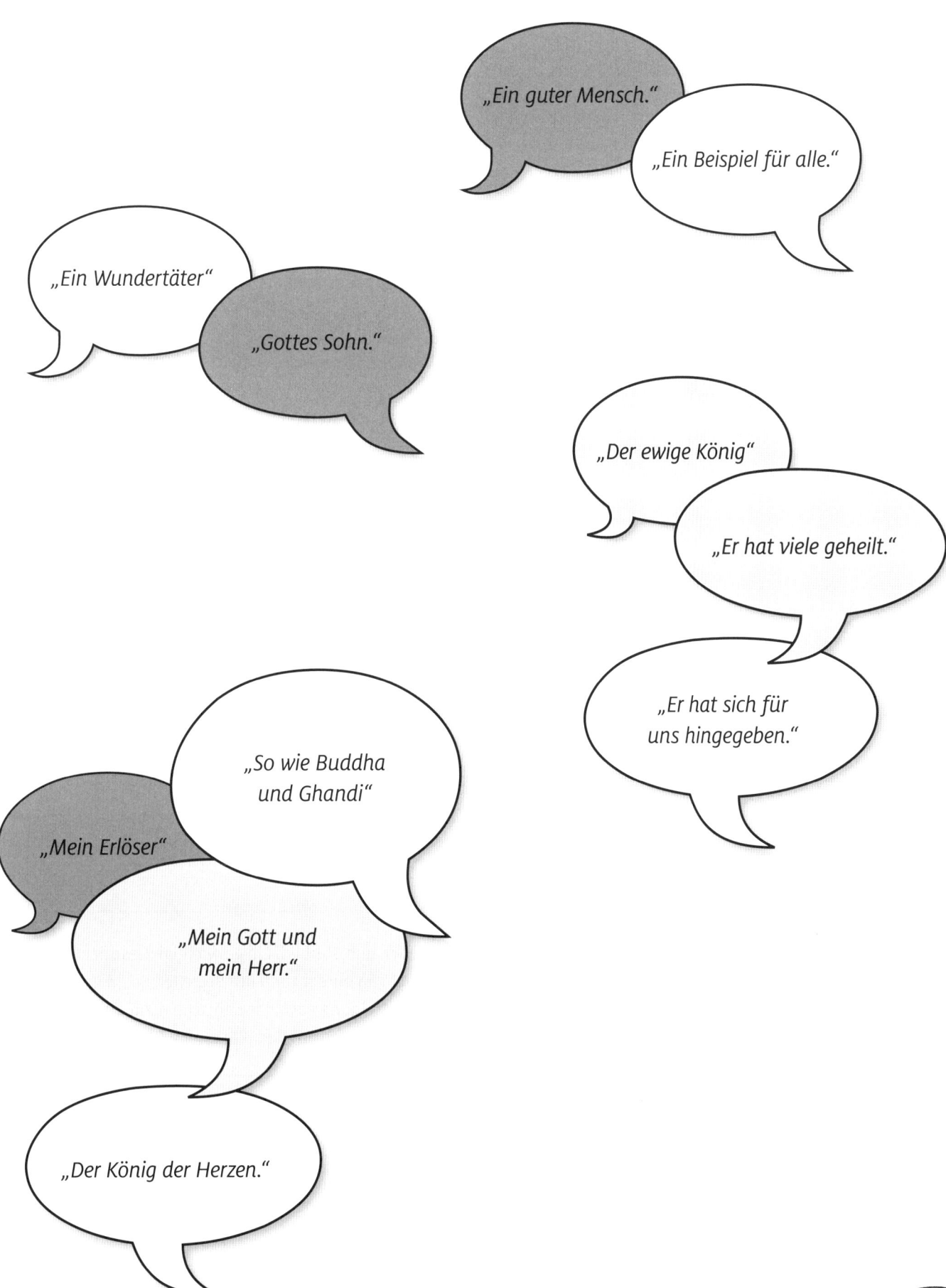

Aufgaben „Jesus"

M5.3

Station 1	Das Kirchenjahr besteht vor allem aus Jesus-Festen. Recherchiert auf der VELKD-Seite http://www.velkd.de/vom_sonntag_her.php: Welche Feste sind Jesus-Feste und welche Station seines Lebens wird hier vergegenwärtigt / gefeiert? Gestaltet ein Schaubild.
Station 2	Der zweite Artikel des Glaubensbekenntnisses nennt Stationen des Lebens Jesu. Findet heraus, um welche es sich handelt, und unterhaltet euch darüber, wie ihr sie versteht. Verfasst ein eigenes Jesus-Glaubensbekenntnis.
Station 3	Die Evangelien erzählen von Jesus Leben und Sterben. Einige wichtige Geschichten findet ihr immer wieder: in Kinderbibeln, in eurem *konfi live Begleiter*. Sucht insgesamt vier Geschichten aus, die eurer Meinung nach ganz entscheidend für das Jesus-Verständnis sind. Bringt diese Geschichten auf den Punkt – im SMS-Format.

Station 1	Das Kirchenjahr besteht vor allem aus Jesus-Festen. Recherchiert auf der VELKD-Seite http://www.velkd.de/vom_sonntag_her.php: Welche Feste sind Jesus-Feste und welche Station seines Lebens wird hier vergegenwärtigt / gefeiert? Gestaltet ein Schaubild.
Station 2	Der zweite Artikel des Glaubensbekenntnisses nennt Stationen des Lebens Jesu. Findet heraus, um welche es sich handelt, und unterhaltet euch darüber, wie ihr sie versteht. Verfasst ein eigenes Jesus-Glaubensbekenntnis.
Station 3	Die Evangelien erzählen von Jesus Leben und Sterben. Einige wichtige Geschichten findet ihr immer wieder: in Kinderbibeln, in eurem *konfi live Begleiter*. Sucht insgesamt vier Geschichten aus, die eurer Meinung nach ganz entscheidend für das Jesus-Verständnis sind. Bringt diese Geschichten auf den Punkt – im SMS-Format.

Die Zehn Gebote

M6.1

Das erste Gebot
Ich bin der Herr, dein Gott. Du sollst keine anderen Götter haben neben mir.

Das zweite Gebot
Du sollst den Namen des Herrn, deines Gottes, nicht missbrauchen.

Das dritte Gebot
Du sollst den Feiertag heiligen.

Das vierte Gebot
Du sollst deinen Vater und deine Mutter ehren.

Das fünfte Gebot
Du sollst nicht töten.

Das sechste Gebot
Du sollst nicht ehebrechen.

Das siebte Gebot
Du sollst nicht stehlen.

Das achte Gebot
Du sollst nicht falsch Zeugnis reden wider deinen Nächsten.

Das neunte Gebot
Du sollst nicht begehren deines Nächsten Haus.

Das zehnte Gebot
Du sollst nicht begehren deines Nächsten Weib, Knecht, Magd, Vieh noch alles, was dein Nächster hat.

(nach Luthers Kleinem Katechismus)

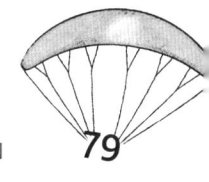

MATERIALIEN

Die Zehn Gebote übersetzen

M6.2

Anleitung für Teamer/innen

> Überlege, was Menschen, die keine Regeln kennen, einander antun können: einander belügen und betrügen, töten, übervorteilen, bestehlen, bedrängen, links liegen lassen, vernachlässigen …
> Bedenke den Frieden und die Freiheit, die entsteht, wenn alle sich daran halten:

Achte das Leben und sei achtsam mit allem, was lebt – fühle dich gebunden an deinen Schöpfer und Erhalter im Himmel. Denn er ist der Herr allen Lebens.

> Und nun sieh die einzelnen Gebote an und überlege, welchen Beitrag sie zu Frieden und Freiheit leisten.

Beispiele

Ich bin der Herr, dein Gott. Du sollst keine anderen Götter haben neben mir.	Ich bin so frei, mein Leid auf Gott zu werfen, meine Schwächen vor Gott zu bringen, meine Hoffnung und Kraft aus Gott zu schöpfen.	Du sollst nicht ehebrechen.	Ich bin so frei, dass ich die Bindungen meiner Mitmenschen ebenso achte und bewahre wie meine eigenen.
Du sollst den Namen des Herrn, deines Gottes, nicht missbrauchen.	Ich bin so frei, mit Gott zu rechnen, Gott ernst zu nehmen, mit Gott nicht zu spaßen.	Du sollst nicht stehlen.	Ich bin so frei, dass ich das Hab und Gut meiner Mitmenschen ebenso achte und bewahre wie mein eigenes.
Du sollst den Feiertag heiligen.	Ich bin so frei, mit Gott zu ruhen, mit Gott zu feiern, Gottes Segen zu spüren.	Du sollst nicht falsch Zeugnis reden wider deinen Nächsten.	Ich bin so frei, dass ich mit der Wahrheit leben kann und mir nicht meine eigene Wahrheit zurecht drehen muss.
Du sollst deinen Vater und deine Mutter ehren.	Ich bin so frei, dass ich Menschen besonders achte, an die mich mehr bindet als Freundschaft und Sympathie. Gottes Segen ist es, der Kinder und Eltern aneinander verweist.	Du sollst nicht begehren deines Nächsten Haus.	Ich bin so frei, dass ich darauf vertrauen kann, dass Gottes Segen für alle reicht. Ich muss meinen Mitmenschen ihr Glück nicht neiden.
Du sollst nicht töten.	Ich bin so frei, dass ich alles Leben achte und bewahre.	Du sollst nicht begehren deines Nächsten Weib, Knecht, Magd, Vieh noch alles, was dein Nächster hat.	… und nicht ihr Hab und Gut.

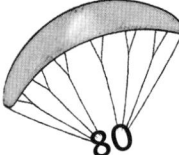

MATERIALIEN

Komm mit nach Cainerda

M6.3

Szenisches Spiel (Einleitung für Teamer/innen)

Das szenische Spiel wird von der Idee des Spieles, dem Spielort und dem Spielgeschehen vom Spielleiter vorgeprägt. Die Spieler können ihre Rollen dann ausleben, wenn der Spielleiter dazu die Anweisung erteilt. Beim szenischen Spiel ist der Spielleiter eher Regisseur. Allerdings achtet er auch hier auf das Gruppengeschehen und nimmt das, was von den Akteuren gezeigt wird, mit in das Spielgeschehen auf.

Anleitung und Geschichte (Hauptteil, Teil 1)

> Zeitbedarf: 2 Std. und mehr
> Material: Papier für „Container" (M5.4)

„In zehn Minuten fahren wir nach Cainerda." Mit diesen Worten leitet der Spielleiter eine Reise auf eine unbekannte Insel ein. „Ihr seid alle herzlich eingeladen mitzukommen. In Cainerda wird gut für euch gesorgt. Da gibt es genügend zu essen und zu trinken, es ist warm, die Nächte sind lau, das Land ist fruchtbar, alles, was das Herz begehrt, wächst dort. Cainerda gehört uns ganz allein. Wie der Name sagt, lebt in Cainerda aktuell keiner und keine. – In zehn Minuten geht die Reise los. Dafür könnt ihr einen Container packen. Das Besondere an dem Container ist, er hat sechs Fächer. Diese Fächer können alle Gegenstände aufnehmen, wirklich alle, ob eine Lokomotive oder eine Stecknadel. Doch wenn ein Gegenstand in einem Fach ist, dann ist es voll, auch wenn der Gegenstand noch so klein ist, nichts passt mehr hinein. Hier sind eure Container."

Der Spielleiter verteilt an jeden und jede einen Zettel,
auf dem sechs Felder eingezeichnet sind.

„Nehmt das mit, was ihr in Cainerda unbedingt braucht. Allerdings gibt es keinen Platz für Tiere. Wenn es sein muss, haben sie im Handgepäck Platz, das gleiche gilt für eure beste Freundin oder euren besten Freund."

Die Teilnehmer/innen füllen in Einzelarbeit die Felder aus.
Nach genau zehn Minuten fährt der Spielleiter fort:

„Da ist schon die Spedition mit ihren Lastwagen. Die Container werden verladen. Wir haben uns am Bahnhof versammelt. Der Bahnhofsvorsteher begrüßt uns herzlich. Wir bekommen ein Luxusabteil in der 1. Klasse. Ein Kellner serviert den Begrüßungsdrink. Die Reise beginnt. Schon gibt der Zugleiter das Signal. Der Zug setzt sich in Bewegung. Schu, schu schu … Das Abendessen wird serviert. Es ist Delikatessen. Doch plötzlich stoppt der Zug. Wir halten vor einer altertümlich aussehenden Brücke.
Der Schaffner erklärt uns, dass die Brücke für eine solche große Traglast nicht geeignet sei. Es könnten nur acht Container auf die andere Brückenseite transportiert werden. Er schlage vor, dass sich Gruppen bildeten, die die Container so entsorgten, dass alles Notwendige in nur acht Containern Platz habe. Allerdings müssen die Arbeiten schnell erledigt werden, da in 15 Minuten auf der einspurigen Strecke ein Gegenzug nahe, dem man nicht ausweichen könne."

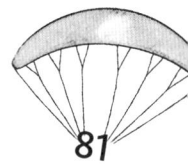

MATERIALIEN 81

Es bilden sich acht Gruppen/Paare, die ihre bisherigen Container entsorgen und neu so füllen, dass nur noch 48 Gegenstände verteilt auf 8 Container (pro Gruppe ein Container) mit je 6 Gegenständen übrig bleiben. Die Auswahl muss aus den bisher mitgeführten Sachen getroffen werden. Für das Neuverladen erhält jede Gruppe ein neues DIN-A4-Blatt mit sechs Feldern. Nach 15 Minuten:

> „Uff, die Arbeit wäre geschafft. Die Fahrt geht weiter. Die Brücke hält. Nach wie vor versorgt uns der nette Kellner mit allem, was wir uns an Getränken oder Speisen wünschen. Doch plötzlich wieder ein Stopp. Wieder erscheint der Schaffner. Diesmal erklärt er uns, dass auf dieser Strecke ein steiler Anstieg zu bewältigen sei, die Lokomotive aber zu schwach für alle Container sei. Nach Auskunft des Lokführers könnten höchstens vier Container transportiert werden. Auch diesmal müssten die Umräumarbeiten zügig geschehen. Der Gegenzug – wir wüssten ja Bescheid."

In vier Gruppen werden die mitgeführten Gegenstände auf 24 reduziert. Jede Gruppe darf sechs Gegenstände mitnehmen. Auch jetzt wird ein DIN-A4-Blatt mit sechs Feldern verteilt, auf dem die Gegenstände vermerkt werden. Nach weiteren 15 Minuten:

> „Ihr glaubt es kaum, aber der Berg liegt hinter uns. Hoffentlich verläuft nun die Fahrt nach Cainerda ohne weitere Zwischenfälle. Nach sechs Stunden Fahrt haben wir endlich die Hafenstadt erreicht, in der unser Schiff nach Cainerda vor Anker liegt. Der Kapitän begrüßt uns herzlich, ist aber über unser Gepäck erstaunt. Vier Container seien zu viel, er könne nur zwei Container verladen. Die Reisegruppe müsse ihr Gepäck auf die Hälfte reduzieren. Allerdings müsse er ein wenig drängeln. Wegen der Gezeiten sei die Abfahrtszeit bereits in 15 Minuten."

Wie bereits zwei Mal erprobt reduzieren nun die Mitspieler in zwei Gruppen ihre Gegenstände auf je 6. Wieder werden diese ausgewählten Gegenstände auf ein DIN-A4-Blatt fixiert. Nach der Gruppenarbeit fährt der Spielleiter fort:

> „Hört ihr die Schiffssirene? „Tut, tut". Der Dampfer legt ab. Die Begrüßung ist herzlich. Wir werden zu einem Galadiner eingeladen, das all unsere Vorstellungen übertrifft. Die feinsten Speisen werden serviert, leise Musik im Hintergrund. Zufrieden und gut gesättigt legen wir uns in unsere Kabinen zur Ruhe. Plötzlich, mitten in der Nacht ein lautes Heulen der Sirene. Alarm. Der Kapitän meldet sich aufgeregt zu Wort: Alarm, ein gewaltiger Orkan ist im Anzug. Unsere Ladung ist gefährdet. Wir müssen einen Container über Bord werfen, nur einen können wir sicher verstauen. Schnell an die Arbeit, in 10 Minuten muss alles erledigt sein."

Diesmal dürfen nur noch sechs Gegenstände mitgeführt werden. Die sechs übriggebliebenen Gegenstände werden für alle sichtbar an der Tafel notiert.

> „Land in Sicht. Den schweren Sturm der vergangenen Tage haben wir überstanden. Wir sind gerettet. Die Sonne scheint. Endlich haben wir Cainerda erreicht – wir und unsere sechs Gegenstände …"

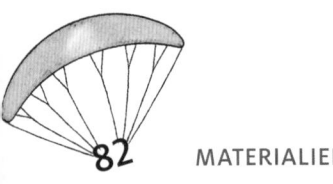

MATERIALIEN

M6.3

Zum Spiel

Bei diesem Entscheidungsspiel geht es darum, herauszufinden, was für die Lerngruppe aktuell am wichtigsten ist. Mit den übriggebliebenen sechs Gegenständen wird man in „Cainerda" leben müssen. Die Entscheidungsprozesse sind dabei offen. Nach welchem Prinzip die Gruppen ihre Gegenstände auswählen, ist ihnen überlassen. Allein der Zeitdruck sorgt dafür, dass es zu Entscheidungen kommt.

An dem Spiel können durchaus bis zu 40 Personen beteiligt sein. Bei der Anzahl der Gruppen ist es wichtig, sie so zu wählen, dass schließlich sechs Gegenstände übrig bleiben können.

Die Gruppenanzahl muss folgende Anzahl umfassen: 64, 32, 16, 8, 4, 2. Die Gruppenanzahl muss immer durch 2 teilbar sein.

Bei 27 Teilnehmern des Spieles ist darauf zu achten, dass sich bei der ersten Entscheidungsrunde 8 Gruppen à 3 bzw. 4 Personen bilden.

Die Anzahl der Entscheidungsprozesse kann beliebig erhöht werden. In der geschilderten Erzählung waren 4 Hindernisse zu überwinden (Brücke, Berg, kleines Schiff und Sturm). Weitere Ereignisse könnten eine Entscheidung auf die Reduktion der Gegenstände nötig machen: Zerbrochene Achsen bei mehreren Containerwagen oder zu wenig Treibstoff für die Lokomotive. Allerdings sollte man darauf achten, dass die Entscheidungsfälle überschaubar bleiben, sonst kann es sein, dass einige Mitspieler aus dem Spiel aussteigen.

Um die Lerngruppe zum Mitspielen zu animieren, ist das Ausschmücken der Erzählung wichtig. Das sorgt für eine einladende Atmosphäre und nimmt die Akteure mit in den Spielprozess hinein. Ereignisse in der Gruppe können mit in die Erzählung eingewoben werden. „Jens ist noch nicht so weit. Zwei Minuten geben wir ihm noch, sonst kann er nur 4 Gegenstände mitnehmen." Oder: „Trotz heftigen Streits in der zweiten Gruppe liegt nun doch eine Einigung vor. Gott sei Dank bringt der Kellner einen Versöhnungsdrink. Der Streit ist schnell vergessen."

Das Spiel kann jederzeit unterbrochen werden. Die Erzählung wird dann so gestaltet, dass die Fahrt nach Cainerda sich über mehrere Tage erstreckt.

Teil 2

In Cainerda angekommen, stellen die Akteure fest, dass sie Regeln brauchen. Man hat nur ein Handy mitgenommen – wer darf es wann benutzen? Gelegentlich muss aufgeräumt werden – wer soll für den Putzdienst eingeteilt werden? Was geschieht bei Regelverstößen, wer kann Sanktionen aussprechen? Nach welchem System werden Entscheidungen getroffen?

Allen ist klar: Cainerda braucht eine Verfassung. Auch diese kann mit Hilfe eines Entscheidungsspieles entstehen. Der Spielleiter kann Vorlagen einbringen, z. B. die 10 Gebote.

Nachdem die Regeln verfasst worden sind, stellen die Bewohner von Cainerda den Antrag, als neuer Staat in die UN aufgenommen zu werden. Eine Kommission der Vereinten Nationen erscheint (der Spielleiter ernennt zwei oder drei Spieler zu UNO-Beauftragten), überprüft die Verfassung und befragt die Bewohner. Schließlich müssen alle Teilnehmer ihre bisherigen Erfahrungen mit Cainerda als Dokument bei der UNO einreichen. Die UNO-Beauftragten schreiben einen Schlussbericht, der von allen diskutiert wird.

Lothar Teckemeyer, Werkbuch Religion, Göttingen 2011

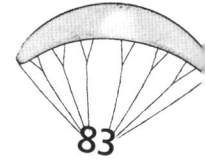

Containerfächer

Sechs lebensnotwendige Gepäckstücke für Cainerda

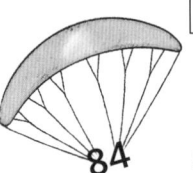

Das Märchen von Goldmarie und Pechmarie: „Gutes tun und Gutes tun ist nicht dasselbe"

Eine Frau hatte zwei Töchter: Die eine war hart und kaltherzig, und die andere aber achtsam und sanft. Die Frau hatte aber die Kaltherzige viel lieber, weil es ihre eigene Tochter war; die andere war ihre Stieftochter. Die Achtsame musste alle Arbeit tun. Und so sehr sie sich auch bemühte: Nie machte sie es recht!

Einmal saß das Mädchen mit seiner Spindel am Brunnen, um Garn zu spinnen. Von der vielen Arbeit bluteten seine Finger. Und auch das Garn wurde blutig. Da fürchtete sich das Mädchen und dachte: „So kann ich das Garn nicht nach Hause bringen!" Und sie beugte sich über den Brunnen, um das Blut abzuwaschen. Da geschah es, dass ihr die Spule durch die Finger glitt. Sie versank in der Tiefe.

„Du dummes Ding!" Die Stiefmutter war außer sich, als das Mädchen mit leeren Händen heimkam und das Missgeschick gestand. „Geh, hol die Spule zurück! Und wenn du hinterherspringen musst – komm mir ja nicht mit leeren Händen zurück!" Und sie jagte das Mädchen hinaus.

Erschrocken lief es zurück zum Brunnen. In seiner Angst fasste es sich ein Herz und sprang hinein. Sogleich vergingen ihm die Sinne.

Als es die Augen wieder aufschlug, fand es sich auf einer Blumenwiese. Über ihm der Himmel war blau. Und bunte Vögel sangen. Langsam stand das Mädchen auf. „Wo bin ich?", fragte es. „Das muss wohl ein Traum sein."

Nicht lange, da sah es einen Backofen. Der stand auf der Wiese und Rauch quoll aus seiner Tür. Drinnen aber rief das Brot: „Hol uns heraus! Hol uns heraus! Wir sind schon fertig gebacken!" Das Mädchen zögerte nicht. „Aber gern", rief es, nahm den Schieber, der neben dem Ofen stand, und holte achtsam alles Brot heraus. „Gut so?", fragte es. Und das Brot sagte: „Danke."

Das Mädchen ging weiter. Da kam es zu einem Apfelbaum, der war über und über voll mit Äpfeln. „Schüttle mich", bat der Apfelbaum. „Meine Äpfel sind schon reif." Das Mädchen trat näher. „Aber gern", rief es und es schüttelte so lange, bis kein Apfel mehr oben war. Dann schichtete es die Äpfel achtsam auf. „Gut so?", fragte es. Und der Baum sagte: „Danke."

Das Mädchen ging weiter. Da kam es zu einer Treppe, die führte bis zum Himmel. Und eine Frau kam von oben herab, die war alt und seltsam und hatte große Zähne. „Fürchte dich nicht", sagte sie. „Ich bin Frau Holle. Ich sehe, dass du achtsam bist. Willst du für mich arbeiten?"

Da fasste das Mädchen Mut und trat näher. „Ja, gern", sagte es. In Frau Holles Haus gab es viel Arbeit: putzen und kochen und waschen. Aber das Mädchen war zufrieden. Frau Holle war freundlich und sagte kein böses Wort.

Jeden Morgen schüttelte das Mädchen die Betten aus. Dann schneite es auf Erden. Und wie es eines Tages den Flocken so nachsah – da bekam es Heimweh nach zu Hause. Frau Holle sah es wohl und nickte. „Geh zurück, Marie", sagte sie. „Es ist Zeit."

Frau Holle führte das Mädchen an ein hohes Tor. „Geh nur hindurch", sagte sie. „– Und dies nimm mit!" Und sie hielt in der Hand die verlorene Spule.

Als aber das Mädchen unter dem Torbogen stand, da regnete es Gold und haftete an ihm. So reich kam es heim. Die Leute riefen: „Seht, da kommt die Goldmarie!" Und die Stiefmutter nahm es auf in Freuden.

„Was du kannst, kann ich auch", sprach eines Tages die andere Tochter. Sie stieg auf den Rand des Brunnens, hielt sich die Nase zu, kniff die Augen zusammen und sprang.

Und als sie die Augen wieder aufschlug, fand sie sich auf der Blumenwiese. Über ihr der Himmel war blau und bunte Vögel sangen. Aber das hörte sie kaum. So eilig wollte sie zu Frau Holle. Sie sah den Ofen und hörte das Brot – und ärgerte sich. „Keine Zeit!", rief sie. Aber weil sie alles genauso machen wollte, wie die Goldmarie es erzählt hatte, griff sie doch zum Schieber und zog das Brot aus dem Ofen in Hast und Eile. „Na, endlich!", rief sie und warf die Ofentür zu, dass es knallte.

Und hastete weiter. Da war auch schon der Apfelbaum, voller Äpfel. „Ja, ja!", rief das Mädchen unwillig, als der Baum nach ihm rief. „Ich weiß schon!" Und sie schüttelte dreimal, bis ein paar Äpfel ins Gras fielen. „Das muss erst mal reichen", sagte sie. „Ich habe keine Zeit."

Und rannte zur Treppe. Und stellte den Fuß auf die erste Stufe. Es verging eine Weile, bevor Frau Holle herabkam und sie blickte nicht freundlich. Das Mädchen bemerkte es nicht. „Ich kann arbeiten!", rief es eifrig. „Wirklich?", fragte Frau Holle und sah das Mädchen von oben bis unten an. Dann nickte sie und sagte: „Versuch's!"

Ungeduldig tat das Mädchen bei Frau Holle seinen Dienst. Putzen und waschen und kochen. „Wann ist es endlich genug?", dachte sie. Sie schüttelte die Betten lustlos und dachte an das Tor. Und an das viele Gold. Frau Holle sah es wohl und schüttelte den Kopf. „Geh zurück, Marie", sagte sie. „Deine Zeit ist um."

Frau Holle führte Marie an das Tor. „Geh", sagte sie. Als aber das Mädchen unter dem Torbogen stand, da regnete es Pech und haftete an ihm. Und wie es auch wusch und rubbelte: Es ging nicht ab. So kam es heim. Die Leute riefen: „Seht, da kommt die Pechmarie!" Die Mutter aber ... weinte.

Meinungen zum „Sinn des Lebens"

M7.1

Teamer/in:
Hey, wo finden Sie den Sinn des Lebens?

Mann, 58:
Frag ich mich auch.
Ich bin schon 58 und suche ihn noch immer.

Teamer/in:
Hey, wo findest du den Sinn des Lebens?

Frau, 28:
Sieh selbst: Das ist meine kleine Tochter!
Zwei Monate alt. Mein ganzes Glück!

Teamer/in:
Hey, wo findet du den Sinn des Lebens?

Junges Pärchen:
Wir heiraten morgen. Dann suchen wir gemeinsam.

Teamer/in:
Hey, wo finden Sie den Sinn des Lebens?

Frau, 75:
Dass was von mir bleibt, wenn ich tot bin.
Dass man sich an mich erinnert.

Teamer/in:
Hey, wo findest du den Sinn des Lebens?

Junge, 14:
Mit meinen Freunden.
Abhängen. Feiern. Frei sein.

Teamer/in:
Hey, wo findest du den Sinn des Lebens?

Junge 16:
Ich will mal Arzt werden. Nicht nur wegen der Kohle.
Menschen helfen, verstehste?

Teamer/in:
Hey, wo findest du den Sinn des Lebens?

Mädchen, 19:
Den findet man nicht. Den muss man selbst machen.
Tun, was einem Freude macht. Was man gut kann.
Was aus sich machen, halt.

Teamer/in:
Hey, wo findest du den Sinn des Lebens?

Mädchen, 16:
Ich will mal Tänzerin werden. Ich tanze total gern.
Wenn ich tanze, vergesse ich alles. Dann bin ich so leicht.
So glücklich.

MATERIALIEN

Die Pelzchen-Verschenker von Swabedoo

Teil I

Vor langer, langer Zeit lebten kleine Leute auf der Erde. Die meisten von ihnen wohnten im Dorf Swabedoo, und sie nannten sich Swabedoodahs. Sie waren sehr glücklich und liefen herum mit einem Lächeln bis hinter die Ohren und grüßten jedermann.

Was die Swabedoodahs am meisten liebten, war, einander warme, weiche Pelzchen zu schenken. Ein jeder von ihnen trug über seiner Schulter einen Beutel und der Beutel war angefüllt mit weichen Pelzchen. So oft sich Swabedoodahs trafen, gab der eine dem anderen ein Pelzchen. Es ist sehr schön, einem anderen ein warmes, weiches Pelzchen zu schenken. Es sagt dem anderen, dass er etwas Besonderes ist; es ist eine Art zu sagen „Ich mag dich!"

Und ebenso schön ist es, von einem anderen ein solches Pelzchen zu bekommen. Du spürst, wie warm und flaumig es an deinem Gesicht ist, und es ist ein wundervolles Gefühl, wenn du es sanft und leicht zu den anderen in deinen Beutel legst. Du fühlst dich anerkannt und geliebt, wenn jemand dir ein Pelzchen schenkt, und du möchtest auch gleich etwas Gutes, Schönes tun.

Die kleinen Leute von Swabedoo gaben und bekamen gern weiche, warme Pelzchen und ihr gemeinsames Leben war ganz ohne Zweifel sehr glücklich und fröhlich.

Teil II

Außerhalb des Dorfes, in einer kalten, dunklen Höhle, wohnte ein großer, grüner Kobold. Eigentlich wollte er gar nicht allein dort draußen wohnen und manchmal war er sehr einsam. Er hatte schon einige Male am Rand des Dorfes gestanden und sich gewünscht, er könnte dort mitten unter den fröhlichen Swabedoodahs sein. Aber er hatte nichts, was er hätte dazu tun können und das Austauschen von warmen, weichen Pelzchen hielt er für einen großen Unsinn. Traf er einmal am Waldrand einen der kleinen Leute, dann knurrte er nur Unverständliches und lief schnell wieder zurück in seine feuchte, dunkle Höhle.

An einem Abend, als der große, grüne Kobold wieder einmal am Waldrand stand, begegnete ihm ein freundlicher kleiner Swabedoodah. „Ist heute nicht ein schöner Tag?", fragte der Kleine lächelnd. Der grüne Kobold zog nur ein grämliches Gesicht und gab keine Antwort. „Hier, nimm ein warmes, weiches Pelzchen", sagte der Kleine, „hier ist ein besonders schönes. Sicher ist es für dich bestimmt, sonst hätte ich es schon lange verschenkt."

Aber der Kobold nahm das Pelzchen nicht. Er sah sich erst nach allen Seiten um, um sich zu vergewissern, dass auch keiner ihnen zusah oder zuhörte, dann beugte er sich zu dem Kleinen hinunter und flüsterte ihm ins Ohr: „Du, hör mal, sei nur nicht so großzügig mit deinen Pelzchen. Weißt du denn nicht, dass du eines Tages kein einziges Pelzchen mehr besitzt, wenn du sie immer so einfach an jeden, der dir über den Weg läuft, verschenkst?"

Erstaunt und ein wenig hilflos blickte der kleine Swabedoodah zu dem Kobold hoch. Der hatte in der Zwischenzeit den Beutel von der Schulter des Kleinen genommen und geöffnet. Es klang richtig befriedigt, als er sagte: „Hab ich es nicht, gesagt! Kaum mehr als 217 Pelzchen hast du noch in deinem Beutel. Also, wenn ich du wäre: ich

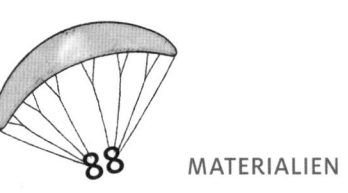

würde vorsichtig mit dem Verschenken sein!" Damit tappte der Kobold auf seinen großen, grünen Füßen davon und ließ einen verwirrten und unglücklichen Swabedoodah am Waldrand zurück.

Er war so verwirrt, so unglücklich, d aß er gar nicht darüber nachdachte, dass das, was der Kobold da erzählte, überhaupt nicht sein konnte. Denn jeder Swabedoodah besaß einen unerschöpflichen Vorrat an Pelzchen. Schenkte er ein Pelzchen, so bekam er sofort von einem anderen ein Pelzchen, und dies geschah immer und immer wieder, ein ganzes Leben lang.

Auch der Kobold wusste das, doch er verließ sich auf die Gutgläubigkeit der kleinen Leute. Und noch auf etwas anderes verließ er sich, etwas, was er an sich selbst entdeckt hatte und von dem er wissen wollte, ob es auch in den kleinen Swabedoodahs steckte. So belog er den kleinen Swabedoodah ganz bewusst, setzte sich in den Eingang seiner Höhle und wartete.

Teil III

Vor seinem Haus in Swabedoo saß der kleine, verwirrte Swabedoodah und grübelte vor sich hin. Nicht lange, so kam ein guter Bekannter vorbei, mit dem er schon viele warme, weiche Pelzchen ausgetauscht hatte. „Wie schön ist dieser Tag!", rief der Freund, griff in seinen Beutel und gab dem anderen ein Pelzchen. Doch dieser nahm es nicht freudig entgegen, sondern wehrte mit den Händen ab. „Nein, nein! Behalte es lieber", rief der Kleine. „Wer weiß, wie schnell sonst dein Vorrat abnimmt. Eines Tages stehst du ohne Pelzchen da!"

Der Freund verstand ihn nicht, zuckte nur mit den Schultern, packte das Pelzchen zurück in seinen Beutel und ging mit leisem Gruß davon. Aber er nahm verwirrte Gedanken mit und am gleichen Abend konnte man noch dreimal im Dorf hören, wie ein Swabedoodah zum anderen sagte: „Es tut mir leid, aber ich habe kein warmes, weiches Pelzchen für dich. Ich muss darauf achten, dass sie mir nicht ausgehen."

Am kommenden Tag hatte sich dies alles im ganzen Dorf ausgebreitet. Jedermann begann, seine Pelzchen aufzuheben. Man, verschenkte zwar immer noch ab und zu eines, aber man tat es erst nach langer, gründlicher Oberlegung und sehr, sehr vorsichtig. Und dann waren es zumeist nicht die ganz besonders schönen Pelzchen, sondern die kleinen mit schon etwas abgenutzten Stellen.

Die kleinen Swabedoodahs wurden misstrauisch. Man begann, sich argwöhnisch zu beobachten, man dachte darüber nach, ob der andere wirklich ein Pelzchen wert war. Manche trieben es so weit, dass sie ihre Pelzbeutel nachts unter den Betten versteckten. Streitigkeiten brachen darüber aus, wie viele Pelzchen der oder der besaß. Und schließlich begannen die Leute, warme, weiche Pelzchen gegen Sachen einzutauschen, anstatt sie einfach zu verschenken.

Der Bürgermeister von Swabedoo machte sogar eine Erhebung, wie viele Pelzchen insgesamt vorhanden waren, ließ dann mitteilen, dass die Anzahl begrenzt sei, und rief die Pelzchen als Tauschmittel aus. Bald stritten sich die kleinen Leute darüber, wie viele Pelzchen, eine Übernachtung oder eine Mahlzeit im Hause eines anderen wert sein müsste. Wirklich, es gab sogar einige Fälle von Pelzchenraub! An dämmerigen Abenden fühlte man sich draußen nicht mehr sicher, an Abenden, an denen früher die Swabedoodahs gern im Park oder auf den Straßen spazieren gegangen waren, um einander zu grüßen, um sich warme, weiche Pelzchen zu schenken.

Teil IV

Oben am Waldrand saß der große, grüne Kobold, beobachtete alles und rieb sich die Hände.

Das Schlimmste von allem geschah ein wenig später. An der Gesundheit der kleinen Leute begann sich etwas zu verändern. Viele beklagten sich über Schmerzen in den Schultern und im Rücken und mit der Zeit befiel immer mehr Swabedoodahs eine Krankheit, die Rückgraterweichung genannt wird. Die kleinen Leute liefen gebückt und in schweren Fällen bis zum Boden geneigt umher. Die Pelzbeutelchen schleiften auf der Erde. Viele fingen an zu glauben, dass die Ursache ihrer Krankheit das Gewicht der Beutel sei und dass es besser wäre, sie im Hause zu lassen und dort einzuschließen. Es dauerte nicht, lange, und man konnte kaum noch einen Swabedoodah mit einem Pelzbeutel auf dem Rücken antreffen.

Der große, grüne Kobold war mit dem Ergebnis seiner Lüge sehr zufrieden. Er hatte herausfinden wollen, ob die kleinen Leute auch so handeln und fühlen würden wie er selbst, wenn er, wie das fast immer der Fall war, selbstsüchtige Gedanken hatte. Sie hatten so gehandelt! Und der Kobold fühlte sich sehr erfolgreich.

Er kam jetzt häufiger einmal in das Dorf der kleinen Leute. Aber niemand grüßte ihn mit einem Lächeln, niemand bot ihm ein Pelzchen an. Stattdessen wurde er misstrauisch angestarrt, genauso, wie sich die kleinen Leute untereinander anstarrten. Dem Kobold gefiel das gut. Für ihn bedeutete dieses Verhalten die „wirkliche Welt"!

In Swabedoo ereigneten sich mit der Zeit immer schlimmere Dinge. Vielleicht wegen der Rückgraterweichung, vielleicht aber auch deshalb, weil ihnen niemand mehr ein warmes, weiches Pelzchen gab – wer weiß es genau? –, starben einige Leute in Swabedoo. Nun war alles Glück aus dem Dorf verschwunden. Die Trauer war sehr groß.

Teil V

Als der große, grüne Kobold davon hörte, war er richtig erschrocken. „Das wollte ich nicht", sagte er zu sich selbst, „das wollte ich bestimmt nicht. Ich, wollte ihnen doch nur zeigen, wie die Welt wirklich ist. Aber ich habe ihnen doch nicht den Tod gewünscht." Er überlegte, was man nun machen könnte, und es fiel ihm auch etwas ein. Tief in seiner Höhle hatte der Kobold eine Mine mit kaltem, stacheligen Gestein entdeckt. Er hatte viele Jahre damit verbracht, die stacheligen Steine aus dem Berg zu graben und sie in einer Grube einzulagern. Er liebte dieses Gestein, weil es so schön kalt war und so angenehm prickelte, wenn er es anfasste. Aber nicht nur das: Er liebte diese Steine auch deshalb, weil sie alle ihm gehörten. Und immer, wenn er davor saß und sie ansah, war das Bewusstsein, einen großen Reichtum zu besitzen, für den Kobold ein schönes, befriedigendes Gefühl.

Doch jetzt, als er das Elend der kleinen Swabedoodahs sah, beschloss er, seinen Steinreichtum mit ihnen zu teilen. Er füllte ungezählte Säckchen mit kalten, stacheligen Steinen, packte die Säckchen auf einen großen Handkarren und zog damit nach Swabedoo.

Wie froh waren die kleinen Leute, als sie die stacheligen, kalten Steine sahen! Sie nahmen sie dankbar an. Nun hatten sie wieder etwas, was sie sich schenken konnten. Nur: Wenn sie einem anderen einen kalten, stacheligen Stein gaben, um ihm zu sagen, dass sie ihn mochten, dann war in ihrer Hand und auch in der Hand desjenigen, der den Stein geschenkt bekam, ein unangenehmes, kaltes Gefühl. Es machte nicht so viel Spaß, kalte, stachelige Steine zu verschenken wie warme, weiche Pelzchen. Immer hatte man ein eigenartiges Ziehen im Herzen, wenn man einen stache-

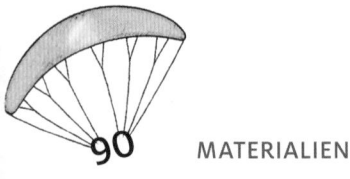

ligen Stein bekam. Man war sich nicht ganz sicher, was der Schenkende damit eigentlich meinte. Der Beschenkte blieb oft verwirrt und mit leicht zerstochenen Fingern zurück.

Teil VI

So geschah es, nach und nach, immer häufiger, dass ein kleiner Swabedoodah unter sein Bett kroch, den Beutel mit den warmen, weichen Pelzchen hervorzog, sie an der Sonne ein wenig auslüftete, und, wenn einer ihm einen Stein schenkte, ein warmes, weiches Pelzchen dafür zurückgab. Wie leuchteten dann die Augen des Beschenkten! Ja, mancher lief schnell in sein Haus zurück, kramte den Pelzbeutel hervor, um auch an Stelle des stacheligen Steines ein Pelzchen zurück zu schenken.

Man warf die Steine nicht fort, o nein! Es holten auch nicht alle Swabedoodahs ihre Pelzbeutelchen wieder hervor. Die grauen, stacheligen Steingedanken hatten sich zu fest in den Köpfen der kleinen Leute eingenistet. Man konnte es aus den Bemerkungen heraushören:

> Weiche Pelzchen? Was steckt wohl dahinter?
> Wie kann ich wissen, ob meine Pelzchen wirklich erwünscht sind?
> Ich gab ein warmes, weiches Pelzchen, und was bekam ich dafür? Einen kalten, stacheligen Stein!
> Das soll mir nicht noch einmal passieren.
> Man weiß nie, woran man ist: heute Pelzchen, morgen Steine.

Wahrscheinlich wären wohl alle kleinen Leute von Swabedoo gern zurückgekehrt zu dem, was bei ihren Großeltern noch ganz natürlich war. Mancher sah auf die Säckchen in einer Ecke seines Zimmers, angefüllt mit kalten, stacheligen Steinen, auf diese Säckchen, die ganz eckig waren und so schwer, dass man sie nicht mitnehmen konnte. Häufig hatte man nicht einmal einen Stein zum Verschenken bei sich, wenn man einem Freund begegnete. Dann wünschte der kleine Swabedoodah sich im Geheimen und ohne es je laut zu sagen, dass jemand kommen möge, um ihm warme, weiche Pelzchen zu schenken. In seinen Träumen stellte er sich vor, wie sie alle auf der Straße mit einem fröhlichen, lachenden Gesicht herumgingen und sich untereinander Pelzchen schenkten, wie in den alten Tagen. Wenn er dann aufwachte, hielt ihn aber immer etwas davon zurück, es auch wirklich zu tun. Gewöhnlich war es das, dass er hinausging und sah, wie die Welt „wirklich ist"!

Das ist der Grund, warum das Verschenken von warmen, weichen Pelzchen nur noch selten geschieht, und niemand tut es in aller Öffentlichkeit. Man tut es im geheimen und ohne darüber zu sprechen. Aber es geschieht! Hier und dort, immer wieder.
Ob du vielleicht auch eines Tages ... ?

Verfasser unbekannt

Denkblasen

Was der Kobold so denkt …

Miteinander in der Gemeinde

Das Miteinander und das Leben in der Gemeinde: Findet ihr im Gemeindebrief Beispiele für Angebote und Aktivitäten der Gemeinde, bei denen das *Miteinander* im Mittelpunkt steht?

Angebote und Aktivitäten …

Ihr könnt auch in den ***konfi live Begleiter*** schreiben (S. 106)

Bibelstellen, die Beispiele für ein gutes Miteinander geben:

Apostelgeschichte 4,32–35
Die Menge der Gläubigen aber war ein Herz und eine Seele; auch nicht einer sagte von seinen Gütern, dass sie sein wären, sondern es war ihnen alles gemeinsam. 33 Und mit großer Kraft bezeugten die Apostel die Auferstehung des Herrn Jesus, und große Gnade war bei ihnen allen. 34 Es war auch keiner unter ihnen, der Mangel hatte; denn wer von ihnen Äcker oder Häuser besaß, verkaufte sie und brachte das Geld für das Verkaufte 35 und legte es den Aposteln zu Füßen; und man gab einem jeden, was er nötig hatte.

Johannes 15,9–12
Wie mich mein Vater liebt, so liebe ich euch auch. Bleibt in meiner Liebe! 10 Wenn ihr meine Gebote haltet, so bleibt ihr in meiner Liebe, wie ich meines Vaters Gebote halte und bleibe in seiner Liebe. 11 Das sage ich euch, damit meine Freude in euch bleibe und eure Freude vollkommen werde. 12 Das ist mein Gebot, dass ihr euch untereinander liebt, wie ich euch liebe.

Füreinander in der Gemeinde

M7.5

Das Füreinander und das Leben in der Gemeinde: Findet ihr im Gemeindebrief Beispiele für Angebote und Aktivitäten der Gemeinde, bei denen das *Füreinander* im Mittelpunkt steht?

Angebote und Aktivitäten ...

Ihr könnt auch in den **konfi live Begleiter** schreiben (S. 106)

Bibelstellen, die Beispiele für ein Füreinander geben:

1 Korinther 12,4–12
Es sind verschiedene Gaben; aber es ist ein Geist. 5 Und es sind verschiedene Ämter; aber es ist ein Herr. 6 Und es sind verschiedene Kräfte; aber es ist ein Gott, der da wirkt alles in allen.
7 In einem jeden offenbart sich der Geist zum Nutzen aller; 8 dem einen wird durch den Geist gegeben, von der Weisheit zu reden; dem andern wird gegeben, von der Erkenntnis zu reden, nach demselben Geist;
9 einem andern Glaube, in demselben Geist; einem andern die Gabe, gesund zu machen, in dem einen Geist;
10 einem andern die Kraft, Wunder zu tun; einem andern prophetische Rede, einem andern die Gabe, die Geister zu unterscheiden; einem andern mancherlei Zungenrede; einem andern die Gabe, sie auszulegen.
11 Dies alles aber wirkt derselbe eine Geist und teilt einem jeden das Seine zu, wie er will. 12 Denn wie der Leib einer ist und doch viele Glieder hat, alle Glieder des Leibes aber, obwohl sie viele sind, doch ein Leib sind: so auch Christus.

1 Korinther 12,26–27
Und wenn ein Glied leidet, so leiden alle Glieder mit, und wenn ein Glied geehrt wird, so freuen sich alle Glieder mit. 27 Ihr aber seid der Leib Christi und jeder von euch ein Glied.

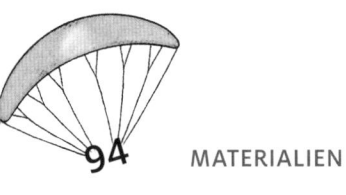

„Für andere" in der Gemeinde

M7.6

Das „Für andere" und das Leben in der Gemeinde: Findet ihr im Gemeindebrief Beispiele für Angebote und Aktivitäten der Gemeinde, bei denen das *„Für andere"* im Mittelpunkt steht?

Angebote und Aktivitäten …

Ihr könnt auch in den *konfi live Begleiter* schreiben (S. 106)

Bibelstellen, die Beispiele dafür geben, dass Menschen sich für andere einsetzen:

Apostelgeschichte 8,26–31 und 36–38
Aber der Engel des Herrn redete zu Philippus und sprach: Steh auf und geh nach Süden auf die Straße, die von Jerusalem nach Gaza hinabführt und öde ist. 27 Und er stand auf und ging hin. Und siehe, ein Mann aus Äthiopien, ein Kämmerer und Mächtiger am Hof der Kandake, der Königin von Äthiopien, welcher ihren ganzen Schatz verwaltete, der war nach Jerusalem gekommen, um anzubeten. 28 Nun zog er wieder heim und saß auf seinem Wagen und las den Propheten Jesaja.
29 Der Geist aber sprach zu Philippus: Geh hin und halte dich zu diesem Wagen! 30 Da lief Philippus hin und hörte, dass er den Propheten Jesaja las, und fragte: Verstehst du auch, was du liest? 31 Er aber sprach: Wie kann ich, wenn mich nicht jemand anleitet? Und er bat Philippus, aufzusteigen und sich zu ihm zu setzen. […]
36 Und als sie auf der Straße dahinfuhren, kamen sie an ein Wasser. Da sprach der Kämmerer: Siehe, da ist Wasser; was hindert's, dass ich mich taufen lasse? 37 38 Und er ließ den Wagen halten und beide stiegen in das Wasser hinab, Philippus und der Kämmerer, und er taufte ihn.

Und, am bekanntesten:
Der barmherzige Samariter (Lukas 10) – auch im *konfi live Begleiter*, S. 50–51

Was geschieht beim Abendmahl?

Der Brauch, sich zum Essen zusammenzusetzen, durchzieht wie ein roter Faden die Bibel. Das Symbol des Mahls steht für Gemeinschaft und Zusammengehörigkeit im umfassenden Sinn. Wo zusammen gegessen, wo zum Mahl geladen wird, geht es um mehr als ums leibliche Sattwerden. Diesen Gedanken zu Ende zu denken, erschließt den Zugang zum Sakrament des Abendmahls.

Menschen sitzen an einem Tisch, essen und trinken, brechen Brot und teilen, was sie haben. Eigentlich ein alltägliches Geschehen und doch weist es als ein Grundsymbol des Lebens über sich selbst hinaus auf das hin, was uns Menschen durch Jesus Christus zugesagt und versprochen wurde. Nähe, Geborgenheit, das Gefühl angenommen und geliebt zu sein. So sitzen Menschen beim Gemeinschaftsmahl um einen Tisch und zeigen, dass sie zusammengehören. Einer ist für den anderen da.

Begegnung

Brot, drei Fremden zur Stärkung gereicht, wird zum Sakrament der Begegnung. Abraham, ein Fremder im fremden Land, teilt mit den Fremden sein Brot. Dabei spürt er die Gegenwart von Engeln und darin Gottes Nähe (Gen 18,1–15).

Verbundenheit und Frieden

Ein Lamm, gebraten, und ungesäuertes Brot, in der Paschanacht ge-backen, auf dem Weg verzehrt, zeigen den Aufbruch in die Freiheit an. Mit dieser Nacht wird das Pascha gefeiert zur Erinnerung an Jahwes Rettertat (Ex 12,1–14).

Ermahnung

Jedes Mahl ermahnt die Versammelten, dem armen Bruder und der Not leidenden Schwester zu helfen (Dtn 15,7). Und so ruft der Prophet dazu auf, mit den Hungrigen das Brot zu teilen, die Armen aufzunehmen, gegen Unrecht und Ausbeutung einzutreten (Jes 58,6–7).

Vision

Ein Festmahl, bei dem Gott selbst zu gegen sein wird, steht allen Völkern bevor. Da wird es Überfluss geben an Speise und Trank – und mehr: eingelöste Hoffnungen, Jubel und Freude (Jes 25,6–10).

Leben im Reich Gottes

Aus allen Himmelsrichtungen werden Menschen kommen, um im Reich Gottes zu Tisch zu sitzen. Manche von den Letzten werden Erste sein und manche von den Ersten die Letzten (Lk 13,29–30). Es wird sein wie bei dem Mahl der von den Straßen Herbeigerufenen, dem Mahl der Armen und Kranken (Lk 14,15–24), dem Festmahl mit denen, die nicht eingeladen waren. Allein von fünf Broten und zwei Fischen werden alle satt (Mk 6,30–44). So erfüllt sich das Wunder der angebrochenen Gottesherrschaft.

Leben aus dem Leben Jesu

Jesus schenkt eine Tischgemeinschaft und in ihr sich selbst. Brot und Wein und doch zugleich Jesu Leben. Sich selbst gibt er hin im Brot und im Wein, gebrochen und vergossen, weitergereicht und angenommen im Abendmahl.

Robert Smietana, © 2005 kreuzundquer, Vandenhoeck & Ruprecht / VELKD

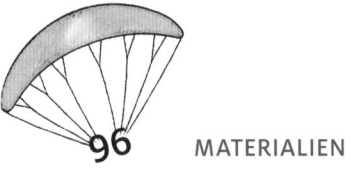

„Nachrufe" / Trostworte[1]

M8.2

Aus einem Bilderbuch: Drei Kinder haben eine „Beerdigungen AG" für tote Tiere gegründet. Eine ist die Managerin, einer der Texter und der kleine Bruder ist fürs Weinen zuständig. Hier sind die Gedichte, die der „Texter" am offenen Grab zum Abschied für verschiedene Tiere spricht:

> *Ein kleines Leben
> in der Hand,
> Plötzlich weg,
> tief, tief im Sand.*

> *Der Tod kommt plötzlich
> um viertel nach vier.
> Warum? Warum? Sag es mir.*

> *Leb wohl, du liebes
> Schweinchen Dick. Wir wünschen
> dir im Tod viel Glück.*

> *Der Hering ist nicht mehr
> am Leben, Im Leben geht
> recht viel daneben.*

> *Hier unten bist du pieksig und platt.
> Im Himmel bist du rund und satt.*

> *Das Lied ist zu Ende. Aus Leben wird Tod.
> Dein Körper wird kalt. Alles wird dunkel.
> Im Dunkeln warst du wie ein Licht,
> Danke, wir vergessen dich nicht.*

> *Leg dich ruhig zur Ruhe nieder,
> Du weißt, schon bald seh'n wir
> uns wieder.*

---

[1] Aus: Ulf Nilsson, Die besten Beerdigungen der Welt, © Moritz Verlag, Frankfurt a. M. 2006.

Paulus sagt ...

„Leben wir, so leben wir mit Gott, sterben wir, so sterben wir mit Gott; also: Ob wir leben oder sterben: Gott ist da."

nach Römer 14,8

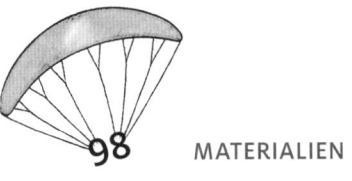

Thesen

Bibel M1

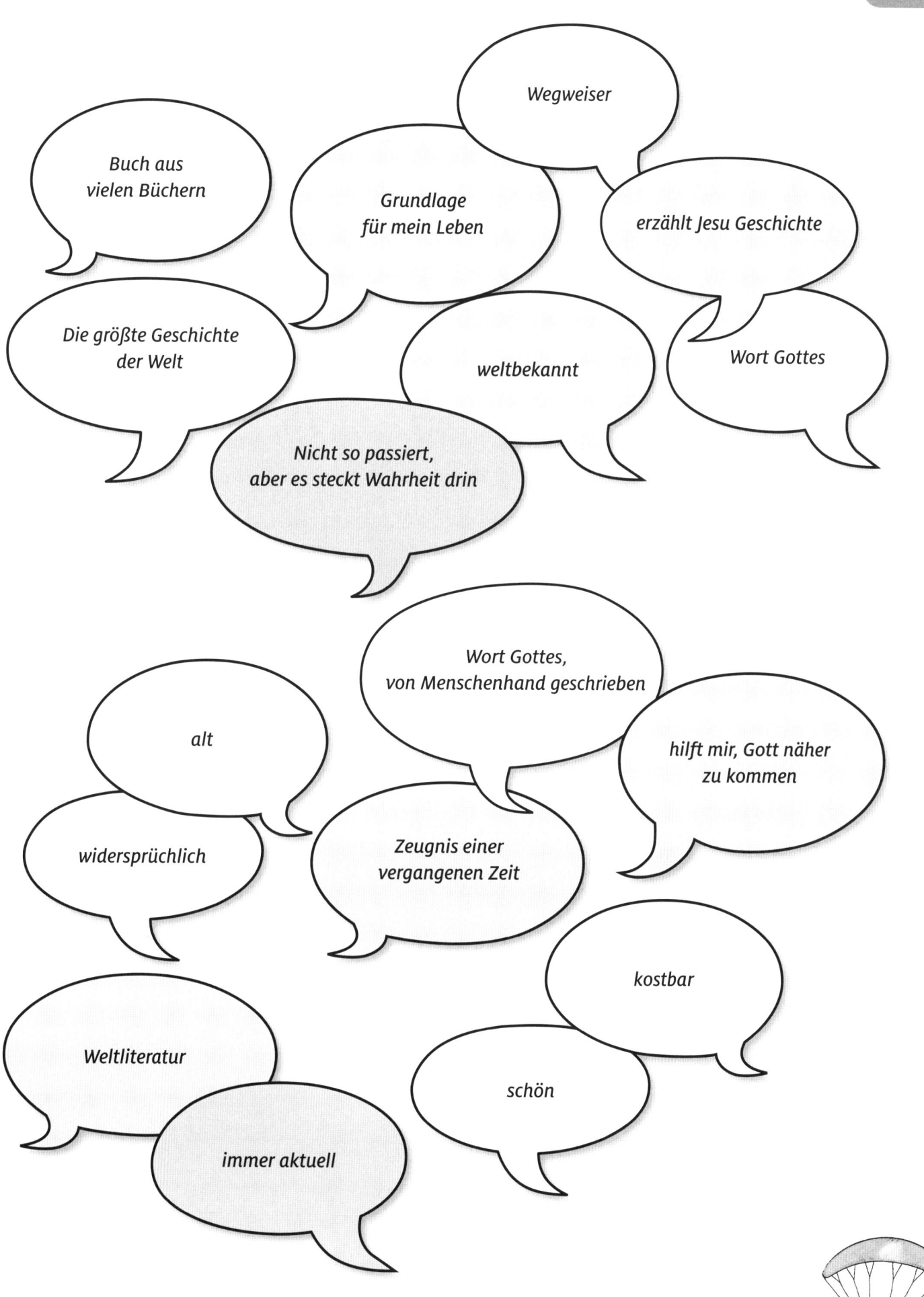

Spruchband

Bibel M2

Der Mensch lebt nicht vom Brot allein.

5 Mose 8,3 / Mt 4,4

Einführung: Bibel

Alles, was in der Bibel steht, ist wahr. Du musst dich nur wortwörtlich nach der Bibel richten, dann lebst du auch richtig. Dann wird Gott dich am Ende belohnen.

Diese Meinung gab es und es gibt sie bis heute. Du findest aber Widersprüche in der Bibel. Zum Beispiel: Auf der einen Seite heißt es: „Du sollst nicht töten". Auf der anderen Seite findest du Vorschriften für die Todesstrafe. Und du findest einen Gott, der tötet.

Die Schöpfung wird einmal so erzählt, einmal anders. Das Leben Jesu wird viermal erzählt, viermal ähnlich und doch anders.

Das ist Gottes Weisheit, lautet eine Antwort. Alles ist wahr. Auch wenn wir es nicht verstehen.

Eine andere Weisheit lautet: Das sind verschiedene Geschichten, die verschiedene Menschen zu verschiedenen Zeiten mit verschiedenen Absichten aufgeschrieben haben. Das sind Annäherungen an das Geheimnis Gottes. Das sind Deutungen. Versuche.

Die Bibel ist eine Sammlung von Deutungen und Bekenntnissen. Und alles dreht sich um Gott.

Wenn du das so siehst, ist die Bibel immer noch „wahr". Aber du musst diese Wahrheit immer wieder neu suchen. Zwischen den Zeilen findest du sie eher als im Wortlaut. Und trotzdem ist der Wortlaut wichtig. Er verbindet dich immer wieder neu mit den Bekenntnissen deiner Ahnen und Urahnen im Glauben.

Frag nicht: Warum hat Gott das oder jenes so gemacht? Frag besser: Warum haben Menschen so von Gott erzählt? Der Vorteil: Du kommst dabei in ein Gespräch mit den „Ahnen und Urahnen" und du kannst dabei ganz neu und persönlich über Gott nachdenken.

Inzwischen ist die Bibel – so wie jede historische Quelle und jede Literatur – wissenschaftlich erforscht. Die Ergebnisse räumen Hindernisse aus dem Weg der Wahrheitssuche:

> - Die Bibel ist ein Sammelwerk aus vielen verschiedenen Schriften, die im Laufe von Jahrhunderten entstanden sind.
>   - *Das Erste (oder: Alte) Testament* dokumentiert die Suche des Volkes Israel nach seinem Gott. Sie haben Gott in verschiedenen Facetten kennengelernt:
>   - die Nomaden (Abraham) als einen, der mitgeht und begleitet, als einen, der Segen schenkt
>   - die Israeliten, die aus Ägypten geflohen sind, als einen, der befreit
>   - die Israeliten am Berg Sinai als einen, der Lebensregeln gibt.
>   - In der Königszeit und danach, im Exil, haben sie aus allen diesen Erfahrungen Lehren gezogen:
>   - Gott ist einer.
>   - Gott hält die ganze Welt in seiner Hand.

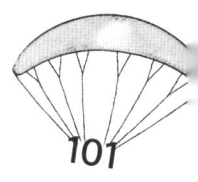

Bibel M3

> Gott ist einer, der Treue verlangt.
> Und Gerechtigkeit.
> Der eingreift – rettend und strafend.

Erfahrungen des Volkes Israel mit dem Leben, mit seiner Geschichte, mit Gott.

> *Das Zweite (oder: Neue) Testament* dokumentiert die Versuche der Anhänger Jesu Christi um Deutung:
>> einerseits: Was können wir neu von Gott lernen – durch die Worte und das Wirken Jesu?
>> Und andererseits: Wer war (ist) dieser Jesus? Wie verstehen wir die Auferstehung? Und wie verstehen wir von der Auferstehung her sein Leben, seine Botschaft, sein Wesen?

> Nach Ostern (und Pfingsten) hat Paulus seine Briefe verfasst; nach Paulus hat Markus die Erzählungen, die über Jesus im Umlauf waren, zu einer ersten Lebens-Erzählung Jesu geordnet und damit die Gattung „Evangelium" erfunden. Nach Markus haben sich auch Matthäus, Lukas und noch mal später Johannes daran gemacht, von Jesus zu erzählen.
> Die Weihnachtsgeschichten (Lukas und Matthäus) sind ebenso Deutungen wie die Auferstehungsgeschichten. Ihre Wahrheit liegt in dem, was ihre Erzähler damit ausdrücken wollen: was Jesus damals und heute für Menschen bedeutet.

Zu dem Bild „Zwischen den Testamenten"

Silke Rehberg (Meine Schulbibel, München 2003)

Zwischen den Testamenten

Die Betrachtung eines Kunstwerks (Bild, Skulptur) vollzieht sich generell in drei Phasen:

Was sehe ich?
Was muss ich wissen? Was „sagt" das Bild?
Was „sagt" das Bild mir?
einfügen Bild als „Briefmarke"

Was sehe ich?

Ein Bild aus Bildern. Drei Jugendliche bei einer Art Picknick im Grünen. Gestreifte Decke, essen, trinken. Umgebung: Kamel, orientalisch gekleideter Mensch, Blumen, eine Schlange. Eine Menora (Leuchter) mit loderndem Feuer. Die Perspektiven sind mehrdeutig. Was ist oben, unten, vorn oder hinten? Es gibt Verschiebungen. Das Ganze ist wie eine Collage.

Was muss ich wissen?

In der Schulbibel, aus der das Bild stammt, steht es an der Nahtstelle zwischen den beiden Testamenten. Ist es aus Zitaten zusammengesetzt? Schlange, Abraham, Josef, Mose? Das Judentum zur Zeit Jesu? Wer die Schulbibel kennt, kann entdecken: Das ist alles neu gemalt. Es sind Anklänge, keine Zitate. Mittendrin diese Jugendlichen von heute. In entspannter Haltung. Sabbat? Der riesige Schmetterling. Paradies?
Wo das Alte und das Neue Testament aufeinanderstoßen, fehlt ein Übergang. Schafft dieses Bild den Übergang? Wenn ja, dann wie? Es ordnet nicht, im Gegenteil: Es bringt durcheinander. Oder besser: ineinander. Es collagiert: Gutes und Bedrohliches, Erinnerungen und Hoffnungen. Es atmet Freiheit. Und es lädt zum Verweilen ein. Jugendliche von heute.

Was „sagt" mir das Bild?

    Gefällt / gefällt nicht ...
    Stimmung ...
    Bezug ...

Dieser Kommentar lehnt sich an an die ausführliche Bildbeschreibung von Reinhard Hoeps in: ders. (Hg.), Sehen lernen mit der Bibel. Der Bildkommentar zu Meine Schulbibel, Müchen 2003, 77–80.

Lose – Was für eine Sendung …?

Terra X	Aktenzeichen XY ungelöst	James Bond	Traumstrände der Südsee
Traumstrände der Südsee	Deutschlands nächstes Top-Model	Pretty Woman	Die strengsten Eltern der Welt
Pretty Woman	Der Hobbit	Terra X	Startreck
Expeditionen ins Tierreich	Das heute Journal	Frauentausch	Deutschlands nächstes Top-Model
Frauentausch	Startreck	Expeditionen ins Tierreich	Der Hobbit
James Bond	Die strengsten Eltern der Welt	Das heute Journal	Aktenzeichen XY ungelöst
Tatort	Hart, aber fair	Hart, aber fair	Tatort

Anmerkung: Diese Lose müssen von Zeit zu Zeit aktualisiert werden (wenn neue Sendungs-Formate entstehen, oder wenn Titel und Sendungen in Vergessenheit geraten)!

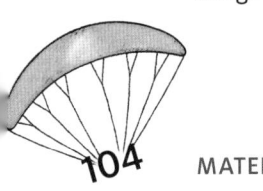

MATERIALIEN

Stationen

Bibel M6

Die „Wahrheit der Bibel" wird an drei Stationen erkundet.
Die Stationen erhalten je ein Schild mit Nummer und Überschrift; dazu können Bilder / Symbole ausgelegt werden, z. B.

1. **Reden von Gott**: die „biblischen Bilder" aus Einheit 2
2. **Gleichnisse**: Samenkörner, Perlen, das Bild vom „gütigen Vater" (aus der Galerie der biblischen Bilder aus Einheit 2)
3. **Wunder**: blaues Tuch und Modell Boot oder Schiff, Schöpfungsbild (aus der Galerie der biblischen Bilder aus Einheit 1)

Die Stationen werden vorgestellt:

„Genauso, wie ihr wisst, was auf euch zukommt, wenn eine Daily Soap, eine Casting Show, eine Doku oder eine Nachrichtensendung angekündigt wird, könnt ihr auch in der Bibel verschiedene Gattungen unterscheiden und entsprechend damit umgehen."

1. **Reden von Gott**, zum Beispiel: Das sind Bilder und Geschichten, die Gotteserfahrungen beschreiben. Es sind KEINE Tatsachenberichte.
2. **Gleichnisse**, zum Beispiel: Das sind Geschichten aus dem Alltag, die Jesus erzählt. In diesen Geschichten gibt es meistens einen „Stolperstein". Da scheint durch die Alltagsgeschichte hindurch eine Wahrheit von Gott oder Gottes Reich.
3. **Wundererzählungen**, zum Beispiel: Konnte Jesus wirklich über das Wasser gehen? Oder haben die ersten Christen das erzählt, um zu bekennen: Jesus ist unser Retter?

„Mit einer dieser Gattungen könnt ihr euch gleich näher beschäftigen. Ihr braucht dazu euren *konfi live Begleiter*."

Aus dem *konfi live Begleiter*-Texte für die Stationen

Station 1
Info Reden von Gott, S. 26.
Beispiel: Gott als Töpfer und Gärtner, S. 27–29

Station 2: Info Gleichnisse, S. 78.
Beispiel: Der gütige Vater, S. 36/37

Station 3: Info Wunder, S. 80.
Beispiel: Bartimäus, S. 48/49

Aufgabe

Lest und besprecht den Info-Text. Wo steckt die Wahrheit in solchen Geschichten? Untersucht entsprechend die Beispielgeschichte.
> Was ist das Entscheidende an der Geschichte?
> Erzählt es in euren Worten. Verdeutlicht das Wahre an der Geschichte in einer eigenen Darstellung: als Standbild, Anspiel oder Collage.

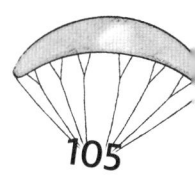

MATERIALIEN 105

Kindheit und Jugend am Ende des Mittelalters

Das Kind, das als Martin Luther weltberühmt werden sollte, wird am 10. November 1483 in einem kleinen Haus in der Vorstadt, also etwas außerhalb der wohlhabenden Siedlung Eisleben geboren.

Seine Eltern, Hans und Margareta, sind im Laufe der Zeit zu Vermögen und Einfluss gekommen. Luther erzählt später einmal bei einem Mittagessen von seinem Vater als einem „armen Herrn" und über die Mutter sagt er, sie habe all ihr Holz auf dem Rücken nach Hause getragen. Aber da malt er ein Arme-Leute-Idyll, das so nicht stimmt.

Am 11. November 1483, dem Martinstag, wird das Baby auf den Namen Martin getauft. Wenig später zieht die Familie in ein größeres und aufwändiges Haus nach Mansfeld um. Die Familie verfügt jetzt über großen Landbesitz, der teilweise landwirtschaftlich genutzt wird. Zudem ist der Vater Bergbauunternehmer, die Familie ist als Geldverleiher tätig und der Vater ist auch noch Bergbeamter für den Grafen der Grafschaft Mansfeld und Mitglied der Stadtverwaltung. So gehört die Familie zur bürgerlichen Oberschicht.

An die Erziehungsmethoden seiner Eltern hat Martin furchtbare Erinnerungen. Er erzählt: „Meine Eltern haben mich in strengster Ordnung gehalten bis zur Verschüchterung. Meine Mutter schlug mich um einer einzigen Nuss willen, bis Blut floss. Und durch diese harte Zucht trieben sie mich ins Kloster."

Doch so weit ist es noch nicht. Zunächst besucht Martin von 1888 bis 1501 in Mansfeld, Magdeburg und dann in Eisenach verschiedene Schulen. Nur wenige Kinder können damals Schulen besuchen; die meisten müssen den Eltern schon früh in der Landwirtschaft oder in einem kleinen Gewerbe helfen. Auch die Lehrer verbreiten Furcht und Schrecken und haben immer eine Rute bei sich. Martin Luther erzählt: „Es sind manche Lehrer so grausam wie Henker. So wurde ich einmal vor Mittag fünfzehnmal geschlagen, ohne Schuld, denn ich sollte deklinieren und konjugieren und hatte es doch noch nicht gelernt." Und wer in der Schule etwas Dummes sagt, muss eine Eselsmaske aufsetzen. So hat der kleine Martin in der Schule wie zu Hause immer Angst vor Strafen.

Später besucht Martin die Universität. Vier Jahre lang studieren alle Studenten dasselbe: eine Auswahl an allgemein bildenden Fächern. Erst dann dürfen sie sich spezialisieren. Martin beginnt, Rechtswissenschaften zu studieren. Sein Vater will es so. Er gibt eine Menge Geld dafür aus: für Studiengebühren und Bücher. Er will, dass Martin Karriere macht: vielleicht als Richter oder Bürgermeister oder gar als Berater eines Fürsten. Der Vater hat große Pläne mit seinem Sohn. Doch alles kommt ganz anders ...

Gottfried Orth / Ingrid Wiedenroth-Gabler in: G. Orth (Hg.), Luther in der Gemeinde, Göttingen 2013

Lehrjahre

Wie stolz ist die Familie auf ihren Martin, als er im Jahre 1505 mit dem Studium der Rechtswissenschaften beginnen kann! Aber kurze Zeit später teilt Martin seiner Familie seinen Entschluss mit, ins Kloster zu gehen und Mönch zu werden. Der Vater ist entsetzt und zornig: Wie weit hat Martin es schon gebracht, eine glänzende Karriere liegt vor ihm. Und jetzt das! Niemals will der Vater dem zustimmen!

Martin-Luther-Gelehrte fragen sich bis heute, wie dieser plötzliche Entschluss zustande gekommen ist. Vielleicht sind es die Ängste vor dem Tod, die ihn ständig verfolgen. Einer seiner besten Freunde stirbt bei einem Unfall und Martin verletzt sich lebensgefährlich mit dem Degen. Was wird nach dem Tod kommen? Muss er wiederum Strafe fürchten, die Strafe eines zornigen Gottes? Wenn Martin an seine Kindheit denkt, dann erinnert er sich: Auch der Name Christus hat ihm Angst gemacht, auch Christus ist ein erbarmungsloser Richter.

Vielleicht ist der Auslöser für die neue Lebenswahl ein Erlebnis, das Martin im Jahr 1505 während eines schweren Gewitters in der Nähe von Stotternheim gehabt haben soll. Die Blitze schlagen so heftig neben ihm ein, dass er zu Boden geworfen wird und in seiner Todesangst ein Versprechen abgibt: „Hilf, heilige Anna, ich will ein Mönch werden!" Die heilige Anna ist die Schutzheilige der Bergleute, sie ist die Mutter Marias, der Mutter Jesu.

Luther überlebt das Gewitter und sein Entschluss steht fest: Er tritt am 17. Juli 1505 ins Augustinerkloster in Erfurt ein. Seine Freunde begleiten ihn, traurig und vielleicht auch verständnislos: Warum nimmt Martin sein Versprechen so ernst? Von seiner Familie ist niemand dabei, zu groß sind der Zorn und die Enttäuschung des Vaters.

Martin legt das Ordensgelübde ab und gelobt Armut, Keuschheit und Gehorsam. Sein Leben verändert sich radikal: Er tauscht seine Kleider gegen ein Bettelgewand. Acht Mal am Tag betet Luther in der Klosterkirche, das erste Mal um vier Uhr morgens, das letzte Gebet ist um Mitternacht. Er muss schwere Arbeit in der Klosteranlage tun und mit einem Bettelsack von Haus zu Haus ziehen. Jedes kleine Vergehen muss er seinem Beichtvater, dem Abt von Staupitz, beichten. Dieser erkennt bald, dass Martin ein sehr fleißiger und kluger junger Mann ist und unterstützt ihn. Bereits 1507 wird er zum Priester geweiht. Als er dies seinem Vater mitteilt, ist der ein wenig versöhnt, so dass er zu Martina Priesterweihe anreist.

Mit Feuereifer studiert Luther die Bibel und macht bald sein theologisches Examen in Wittenberg. Bereits einige Jahre später, im Jahr 1512, wird Luther Doktor der Theologie und Professor für biblische Theologie an der Universität Wittenberg.

Martin hat Erfolg, aber er ist kein glücklicher Mensch. Er studiert, er beichtet, er macht Bußübungen, er reist sogar nach Rom, dem Sitz des Papstes, um seine Angst vor dem strafenden Gott zu überwinden. Trotz allem ist er sehr bedrückt, trotz allem glaubt er, nicht gut genug zu sein, trotz allem fürchtet er Gott, den Richter. Er fragt sich verzweifelt: „Wie bekomme ich einen gnädigen Gott?!"

Gottfried Orth / Ingrid Wiedenroth-Gabler in: G. Orth (Hg.), Luther in der Gemeinde, Göttingen 2013

Die Entdeckung

Als Mönch ist Martin Luther nun auch Theologieprofessor in Wittenberg. Er ist zuständig für die Auslegung der Bibel. In seinem Doktoreid hat er geschworen, die Heilige Schrift „treulich und lauter" zu predigen und zu lehren. Er hält Vorlesungen über die Psalmen, über die Schöpfungsgeschichten. Doch er liest und untersucht vor allem all die Texte, die von der Gerechtigkeit Gottes handeln.

Gerechtigkeit unter Menschen – die kennt Martin Luther: Eltern und Lehrer, die gnadenlos Fehler bestrafen. Und die gelegentlich dem „braven Kind", dem „guten Schüler" ein Lob aussprechen oder eine Belohnung geben. Wenn Gott aber strenger ist als Mutter und Vater und anspruchsvoller als der Lehrer – ja, dann wird er doch immer Fehler und Schwächen entdecken, an jedem Menschen. Denn welcher Mensch ist immer nur gut?

So predigt es auch die Kirche zur Zeit Luthers: Die Menschen haben viele Fehler und Schwächen. Am Ende wird abgerechnet: Da wartet Gott, der gerechte Richter. Und die, die nicht gut genug sind, die wirft er in die Hölle. Es gibt Bilder von der Hölle. Da brennt ewiges Feuer. Da sind Qualen und Schmerzen.

Immer wieder in den Jahren zwischen 1512 und 1518 liest Luther in der Bibel, studiert sie und hält Vorlesungen über biblische Schriften: Auf der einen Seite erzählt die Bibel von Gottes Liebe und dann wieder von Gott, dem Richter. Wie passt das zusammen?

Paulus schreibt: „Der aus Glauben Gerechte wird leben" (Brief an die Römer, Kapitel 1, Vers 17). Was für ein Satz! „Glauben habe ich ja", denkt Luther. „Aber dennoch bin ich niemals gut genug, dass der gerechte Gott mich freisprechen kann!

Doch plötzlich hat er eine Idee und macht eine Entdeckung, die ganz Europa verändert: Gerechtigkeit Gottes, entdeckt Luther, bedeutet etwas Anderes, als er bisher gedacht hat. Gerechtigkeit Gottes bedeutet: Gott meint es gut mit uns Menschen. Gott weiß, dass wir voller Schwächen und Fehler sind. Und darum begnadigt er uns. Er schenkt uns Gerechtigkeit, er macht uns von sich aus gerecht.

Das theologische Fachwort dafür ist „Rechtfertigung". Doch Luther kann auch ganz einfach und schön sagen: Gott ist wie „ein glühender Backofen voller Liebe". Luther entdeckt: Das Wichtigste im Leben kann ich mir nicht kaufen oder verdienen, sondern Gott schenkt es mir. Gott macht mich heil. Damit sind die christliche mittelalterliche Welt und Kirche in Europa auf den Kopf gestellt. Luther verkündet: Keiner braucht mehr Angst zu haben vor Gott.

In seiner etwas schwierigen Sprache hat Luther diese Entdeckung so beschrieben: „Wiewohl ich als ein untadeliger Mönch lebte, verspürte ich doch unruhigen Gewissens, dass ich vor Gott ein Sünder sei … Bis Gott sich erbarmte, und ich, der ich Tag und Nacht nachgedacht hatte, den Zusammenhang der Worte begriff, nämlich: Da begann ich, die Gerechtigkeit Gottes zu verstehen, durch die der Gerechte als durch ein Geschenk Gottes lebt, nämlich aus Glauben heraus … Hier spürte ich, dass ich völlig neu geboren sei und dass ich durch die geöffneten Pforten in das Paradies selbst eingetreten sei, und da erschien mir von nun ab die Schrift in einem ganz anderen Licht."

Gott ist „ein glühender Backofen voller Liebe". Daran darf jeder Mensch glauben.

Gottfried Orth / Ingrid Wiedenroth-Gabler in: G. Orth (Hg.), Luther in der Gemeinde, Göttingen 2013

Protest in Wittenberg

Luther hat entdeckt: Gott ist wie „ein glühender Backofen voller Liebe". Das Wichtigste im Leben kann ich mir nicht kaufen oder verdienen, sondern Gott schenkt es mir: Gott macht mich heil.

Rings um ihn her ist es noch anders: Die Menschen haben Angst vor Gott. Sie fürchten, dass er sie verstößt, dass sie nach dem Tod in die Hölle kommen. Laut Kirche gibt es auch noch das Fegefeuer: eine Zeit der Reinigung von den Sünden nach dem Tod. Danach das Gericht: Himmel oder Hölle. Große Angst herrscht, weil den Menschen immer wieder gepredigt wird, dass Gott böse auf sie sei.

Zur Zeit Luthers braucht die Kirche viel Geld: Der Papst und die Bischöfe halten Hof wie Könige und in Rom soll eine neue, große Kirche gebaut werden: der Petersdom. Um Geld zu verdienen, hat die Kirche den Verkauf von Ablassbriefen eingeführt.

Im sogenannten Ablass gewährt die Kirche Befreiung von kirchlichen Strafen. Mit den neuen Ablassbriefen, so versprechen es die Verkäufer, können sich die Gläubigen sogar vom Fegefeuer freikaufen: „Wenn das Geld im Kasten klingt, die Seele in den Himmel springt." So reimt der Ablasshändler Tetzel.

Für Luther ist das unerträglich. Gottes Barmherzigkeit kann man nicht kaufen. Das ist eine Lüge! Gottes Gnade ist ein Geschenk. Und der Ablasshandel ist falsch.

Luther hat gute Argumente. Er ist sich sicher, dass er die Vertreter der Kirche überzeugen kann. Darum schlägt er am 31.10.1517, am Vortag des Allerheiligenfestes, an die Tür der Schlosskirche 95 Thesen über den Ablass an. Datum und Ort hat er mit Absicht gewählt: Alljährlich um Allerheiligen, am 1. November, pilgern Massen von Menschen zur Schlosskirche in Wittenberg, die Strafnachlass im Fegefeuer und Sündenvergebung erflehen. Zugleich sendet Luther seine 95 Thesen an die Erzbischöfe von Mainz und Brandenburg. Mit ihnen will er diskutieren – aber dazu wird es nicht kommen.

Die Thesen verbreiten sich rasch. Denn kurz zuvor hat Johannes Gutenberg in Mainz die Druckerpresse erfunden. Man muss die Thesen also nicht von Hand abschreiben, um sie zu kopieren. Man kann sie drucken.

Luthers Thesen sind deutlich: „Die predigen Menschenlehre, die da vorgeben, dass, sobald das Geld in den Kasten geworfen klingt, die Seele aus dem Fegfeuer auffahre. ... Diejenigen werden samt ihren Meistern in die ewige Verdammnis fahren, die vermeinen, durch Ablassbriefe ihrer ewigen Seligkeit gewiss zu sein."

Luthers Thesen schaden dem Geschäft mit der Angst der Menschen: „Ein jeder Christ, der wahre Reue und Leid hat über seine Sünde, hat völligen Erlass von Strafe und Schuld, der ihm auch ohne Ablassbrief zuteil wird. ... Man soll die Christen lehren, dass, wer den Armen gibt oder dem Dürftigen leiht, besser tut, als wenn er Ablass löst."

Die Würdenträger der Kirche lesen es nicht gern, dass ein Professor der Theologie ihnen Fehler nachweist und kluge Ratschläge gibt – das kann man sich leicht denken.

Gottfried Orth / Ingrid Wiedenroth-Gabler in: G. Orth (Hg.), Luther in der Gemeinde, Göttingen 2013

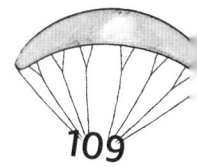

Widerstand

Zu dieser Zeit gibt es in Deutschland eine einzige christliche Kirche (das Wort „katholisch" bedeutet: „für alle"). Und auf einmal ist da dieser eine Mönch, dieser eine Professor, der allen anderen sagt: Ihr irrt euch! Und er glaubt sogar, seine Meinung beweisen zu können, und zwar mit der Bibel. Mit der Bibel, die auch die Grundlage für alle anderen ist. Viele Menschen hören ihm zu, vielen gefällt, was er sagt. Und sie beginnen, an ihren Pfarrern und Bischöfen zu zweifeln – und sogar am Papst. Der Papst greift zu harter Gegenwehr: Luther soll als Ketzer verurteilt werden, also als einer, der „falsch" glaubt und „falsch" lehrt. Das ist zur Zeit Luthers lebensgefährlich.

Eine Weile geht es hin und her zwischen Martin Luther in Wittenberg und dem Papst in Rom. Es kommt zu Streitgesprächen. Als Luther merkt, dass die Kirche nicht auf ihn hören will, wird er immer härter. Er bezeichnet den Papst als „Gegen-Christ". Den, der sich selbst als Stellvertreter Christi auf Erden versteht, den nennt Luther Anti-Christ!

Da geht es längst nicht mehr nur um den Ablassstreit, da geht es um das Verständnis der Bibel und ein neues Verständnis von Christsein und Kirche. Es dauert nicht lange: Im Jahr 1520 erreicht Luther eine Anklageschrift des Papstes, die ihm den Bann androht. Viele Sätze aus Luthers Schriften werden verboten. Und dann heißt es in ihr: „Weil die genannten Irrtümer und viele andere in den Büchlein oder Schriften eines gewissen Martin Luther enthalten sind, verdammen, verwerfen und verstoßen wir die genannten Bücher und alle Schriften und Predigten, in denen diese Irrtümer enthalten sind … Sie sollen alle sogleich nach ihrer Veröffentlichung … durch die zuständigen Bischöfe gesucht, öffentlich und feierlich in Gegenwart der Geistlichkeit und des Volkes … verbrannt werden … "

Und Luther? Er lässt sich nicht einschüchtern, im Gegenteil: Er wirft dieses Schreiben vor aller Augen ins Feuer …

Im April 1521 kommt es zu einer Verhandlung gegen Luther beim Reichstag in Worms. Luther ist sich sicherer denn je, dass er recht hat. „Beweist mir, dass ich mich täusche", sagt er. „Beweist es mir aus der Bibel! Denn nur die Bibel lasse ich gelten." Nur die Bibel! Im Original klingt das so:

„Wenn ich nicht überwunden werde durch die Zeugnisse der Schrift oder mit klaren Vernunftsgründen, so bleibe ich von den Schriftstellen besiegt, die ich angeführt habe, und mein Gewissen ist im Wort Gottes gefangen. Denn ich glaube weder dem Papst noch den Konzilien allein, weil feststeht, dass sie oft geirrt und sich selbst widersprochen haben. Widerrufen kann und will ich nichts, weil es weder gefahrlos noch heilsam ist, gegen das Gewissen zu handeln. Gott helfe mir. Amen." (Nach einem alten Bericht hat er hinzugefügt: „Hier stehe ich, ich kann nicht anders.")

Am Tag darauf erwidert Kaiser Karl V, er könne sich der Lehre Luthers nicht anschließen, denn es sei „sicher, dass ein einzelner Bruder irrt, wenn er gegen die Meinung der ganzen Christenheit steht, da sonst die Christenheit tausend Jahre oder mehr geirrt haben müsste."

Wenig später, am 25. April 1521 erhält Luther vom Kaiser den Bescheid, dass dieser nun gegen ihn vorgehen werde. Luther ist für vogelfrei erklärt: Jeder, der ihn trifft, darf ihn mit kaiserlicher Erlaubnis töten.

Gottfried Orth / Ingrid Wiedenroth-Gabler in: G. Orth (Hg.), Luther in der Gemeinde, Göttingen 2013

Klausur

Als vogelfreier Mann ist Luther auf der Rückreise vom Reichstag zu Worms – da wird er überfallen, entführt und gefangen genommen. So schnell kann das gehen, mag mancher gedacht haben. Die Wahrheit aber sieht anders aus: Diesen Überfall hat der sächsische Kurfürst, ein Freund Luthers, eingefädelt, um Luther zu schützen.

Er lässt ihn auf die Wartburg in Thüringen bringen. Luther erhält den Namen Junker Jörg und bleibt vom 4. Mai 1521 bis zum 3. März 1522 unter kurfürstlichem Schutz. Luther kann sich mit der „Gefangenschaft" auf der Wartburg, obwohl er über die „Entführung" wohl informiert gewesen ist, nur schwer abfinden.

Aber die scheinbar vertane Zeit wird zu großem Segen, nicht nur für ihn. In nur elf Wochen übersetzt Luther das Neue Testament in die deutsche Sprache. Mitte September 1521 liegt das Neue Testament in deutscher Sprache fertig gedruckt vor und kann ausgeliefert werden. Die sogenannte Septemberbibel" wird von Melchior Lotther gedruckt und von Christian Döring und Lukas Cranach, dem Älteren, verlegt. Die Erstauflage von 3000 Exemplaren ist im Dezember bereits vergriffen!

Jetzt können alle Menschen in Deutschland und nicht nur die gelehrten Kirchenmänner das Neue Testament lesen! Luther begründet darüber hinaus die neuhochdeutsche Sprache und schafft durch die Verbreitung der Bibelübersetzung eine einheitliche deutsche Schriftsprache.

Als Regel für die Übersetzung hat Luther für sich notiert, dass man „dem Volk aufs Maul schauen" müsse: „Man muss nicht die Buchstaben in lateinischer Sprache fragen, wie man soll deutsch reden, sondern man muss die Mutter im Hause, ... den gemeinen Mann auf dem Markt drum fragen und danach dolmetschen, so verstehen sie es denn." Eine vollständige Bibel in deutscher Sprache erscheint erst 1534, nachdem alle Teile des Alten Testamentes zuvor in Einzelübersetzungen erschienen waren. Heute ist die „Lutherbibel" ein Standardwerk in Gemeinden, Schulen und Universitäten.

Während seiner Zeit auf der Wartburg kommt es in Wittenberg zu Unruhen, auf die Luther besänftigend einzuwirken sucht. So werden beispielsweise von Anhängern Luthers alle Bilder aus den Kirchen entfernt. Mönche treten aus den Klöstern aus, Christen brechen das Fasten in der Fastenzeit. Luther begibt sich in Lebensgefahr und reist unerkannt nach Wittenberg. Dort hält er am Sonntag Invokavit die berühmt gewordenen Invokavit-Predigten. Luther findet die Neuerungen gut, aber er findet es falsch, sie mit Zwang einzuführen und die einfachen Gläubigen zu verunsichern. Luther will, dass die Menschen frei entscheiden können und vor allem verstehen und einsehen, was sie tun. Diesen Weg des Lernens will Luther mit seinen Predigten anstoßen, damit die Menschen erkennen können, was die Bibel sagt.

Obwohl Luther das traditionelle Leben der Mönche seit 1521 ablehnt, hat er für sich selbst an der bisherigen klösterlichen Lebensweise festgehalten und – nun nur noch mit einem Klosterbruder zusammen – weiterhin im Kloster gelebt. Die Mönchskutte legte er erst im Herbst 1524 ab. Am 13. Juni 1525 verloben sich Martin Luther und die ehemalige Nonne Katharina von Bora. Zwei Wochen später, am 27. Juni, folgt der festliche Kirchgang zur Stadtkirche mit anschließendem Hochzeitsmahl im ehemaligen Klostergebäude.

Gottfried Orth / Ingrid Wiedenroth-Gabler in: G. Orth (Hg.), Luther in der Gemeinde, Göttingen 2013

Aufgaben

Entwickelt werden Spielszenen, die es ermöglichen, das historische Geschehen rund um Martin Luther aus einer gebrochenen Perspektive zu sehen und dabei die Relevanz der Geschichte für die Gegenwart und Zukunft von Glauben und Kirche zu entdecken.

Luther M1	Lest Text M1 mit den Augen zukünftiger Eltern / Lehrer/innen; schreibt Rollen für zwei bis vier Lehramtsstudenten (ganz unterschiedliche Typen!), die darüber nachdenken / sich darüber unterhalten, wie sie später ihre Kinder erziehen / ausbilden wollen. Sie denken über den Sinn und die Wirkungen von Strafen nach. In diesem Gespräch sollen die beiden Szenen, die Martin Luther erzählt, als Beispiele vorkommen – nacherzählt und kommentiert.
Luther M2	Lest Text M2 mit den Augen heutiger Jugendlicher, die Pläne für ihr Leben machen. Schreibt Rollen für Szenen in der Familie, z. B. Sohn muss am Abendbrottisch seine Berufswahl gegen die Interessen der anderen verteidigen. In diesem Rollenspiel soll Martin Luthers Berufswahl als Beispiel vorkommen – nacherzählt und kommentiert. (Alternativ: Spielszenen zum Thema „Jemand hat leichtfertig etwas versprochen. Muss er es jetzt einhalten oder nicht?" In diesem Rollenspiel soll Luthers Schwur an die Heilige Anna als Beispiel vorkommen – nacherzählt und kommentiert.
Luther M3	Lest Text M3; schreibt Rollen für zwei bis vier sehr unterschiedliche Jugendliche, die diesen Text als Hausaufgabe gestellt bekommen haben, einen Vortrag über ihre Vorstellungen von „Hölle" und von „Gott" zu halten. Der (Aber-)Glaube des Mittelalters, wie im Text geschildert, und Luthers Entdeckung kann als Beispiel vorkommen.
Luther M4	Lest Text M4 mit den Augen heutiger Umweltschützer; sie haben einen tollen Plan zur Verringerung des CO_2-Ausstoßes; sie beraten, wie sie damit an die Öffentlichkeit gehen können. Szene 2: Die erste Aktion geht gründlich schief – jetzt haben sie sogar eine Anzeige am Hals ... – wie geht es weiter? In diesem Rollenspiel soll Luthers Thesenanschlag als Beispiel vorkommen.
Luther M5	Lest Text M5; entwickelt ein Gespräch unter Jugendlichen: Wofür lohnt es sich, einzutreten? Was setze ich für meine Überzeugungen ein? Wann gebe ich nach und wann auf gar keinen Fall? In diesem Rollenspiel soll Luthers berühmter Satz „Ich stehe ich; ich kann nicht anders" als Beispiel vorkommen.
Luther M6	Lest Text M6; entwickelt ein Anspiel, das im Jahr 2917 spielt. Anlässlich des 1500. Luther-Jubiläums hat sich ein Planungsausschuss gebildet ... In diesem Rollenspiel soll deutlich werden: Welche Religion haben die Menschen in 1000 Jahren? Wie gehen sie mit der Bibel um? Was bedeutet „Luther"?